Créditos Laborais no Processo de Insolvência

Créditos Laborais no Processo de Insolvência

2022

Ana Rita Magalhães

ALMEDINA

CRÉDITOS LABORAIS NO PROCESSO DE INSOLVÊNCIA
AUTOR
Ana Rita Magalhães
EDITOR
EDIÇÕES ALMEDINA, S.A.
Avenida Emídio Navarro, 81, 3D
3000-151 Coimbra
Tel.: 239 851 904 · Fax: 239 851 901
www.almedina.net · editora@almedina.net
DESIGN DE CAPA
FBA.
PRÉ-IMPRESSÃO
EDIÇÕES ALMEDINA, S.A.
IMPRESSÃO E ACABAMENTO

, 2022
DEPÓSITO LEGAL
....

ALMEDINA | GRUPOALMEDINA

Biblioteca Nacional de Portugal – Catalogação na Publicação

MAGALHÃES, Ana Rita

Créditos laborais no processo de insolvência. – (Monografias)
ISBN 978-989-40-0859-0
CDU 347

AGRADECIMENTOS

Ao meu Orientador, o Professor Doutor Marco Carvalho Gonçalves, por ter aceitado a orientação da presente dissertação, me ter acompanhado e dado as melhores sugestões para a elaboração da mesma.

Ao Sr. Dr. João Paulo Oliveira, da Re-Activar, pelas suas explicações tão claras e completas quando, por vezes, faltava o conhecimento da vertente prática.

Aos meus pais, pela educação que me deram, pela oportunidade de tornar o meu percurso académico mais rico, pela paciência, por todo o apoio e incentivo e pelas palavras de ânimo quando o desalento me assoberbava.

Ao Rui Pedro, por ser incansável, pela disponibilidade para tudo quanto eu precisei e por estar comigo na superação de mais um obstáculo.

Aos meus avós, que sei sentirem-se orgulhosos de mim e daquilo que já alcancei, em especial à minha avó paterna e madrinha, que já partiu, mas para quem tenho a certeza de que as minhas conquistas são uma enorme felicidade.

DECLARAÇÃO DE INTEGRIDADE

Declaro ter atuado com integridade na elaboração do presente trabalho académico e confirmo que não recorri à prática de plágio nem a qualquer forma de utilização indevida ou falsificação de informações ou resultados em nenhuma das etapas conducente à sua elaboração.

Mais declaro que conheço e que respeitei o Código de Conduta Ética da Universidade do Minho.

RESUMO

A NATUREZA E A TUTELA DOS CRÉDITOS LABORAIS NO PROCESSO DE INSOLVÊNCIA

Não raras vezes, o processo de insolvência, tendo por objetivo a satisfação dos interesses dos credores, não consegue alcançar o desiderato a que se propõe, porquanto os empresários estão convencidos de que o processo de insolvência é o fim de linha para as empresas, acabando por recorrer a ele quando a empresa está sobre-endividada.

É por isto que, muito dificilmente, uma empresa declarada insolvente tem bens suficientes para pagar à totalidade dos seus credores.

O desafio, na presente dissertação, é então analisar os créditos laborais, porque nos parece serem os mais sensíveis e carecidos de especial proteção legal, bem como esmiuçar os diferentes meios previstos na lei de lhes conceder proteção para que possam ser pagos com preferência, sem olvidar os créditos dos demais credores.

Palavras-chave: aquisição do estabelecimento, créditos laborais, Fundo de Garantia Salarial, privilégios creditórios.

ABSTRACT

THE NATURE AND PROTECTION OF LABOR CLAIMS IN INSOLVENCY PROCEEDINGS

The insolvency process fails to achieve, not infrequently, the aim it seeks. It happens especially when the purpose is satisfying the interests of creditors. Entrepreneurs are convinced that the insolvency process is the end of the line for companies by finally resorting to it when the company is over-indebted.

That is why it is very difficult for an insolvent declared company to have enough assets to pay all of its creditors.

In this dissertation, the challenge is to analyse labour credits because it seems to us to be the most sensitive issue and in need of special legal protection, as well as, to break down the different means provided by law to grant them protection so that they can be paid with preference and without forgetting the other creditors' credits.

Keywords: acquisition of the establishment, labour credits, privileged claims, Wage Guarantee Fund.

ÍNDICE

LISTA DE ABREVIATURAS E SIGLAS

Al./Als.	Alínea/Alíneas
Art.º/Arts.	Artigo/Artigos
CC	Código Civil
Cfr.	Confrontar/Conferir
CIRC	Código do Imposto sobre o Rendimento das Pessoas Coletivas
CIRE	Código da Insolvência e da Recuperação de Empresas
CIRS	Código do Imposto sobre o Rendimento das Pessoas Singulares
Consult.	Consultado
CPC	Código de Processo Civil
CPEREF	Código dos Processos Especiais de Recuperação da Empresa e de Falência
CRCSPSS	Código dos Regimes Contributivos do Sistema Previdencial de Segurança Social
CRP	Constituição da República Portuguesa
CSC	Código das Sociedades Comerciais
CT	Código do Trabalho
DL	Decreto-Lei
Ed.	Edição
ET	*Estatuto de los Trabajadores*
FCT	Fundo de Compensação do Trabalho
FGCT	Fundo de Garantia de Compensação do Trabalho

FGS	Fundo de Garantia Salarial
FOGASA	*Fondo de Garantía Salarial*
LCCT	Lei da Cessação do Contrato de Trabalho
LCT	Lei do Contrato de Trabalho
LSA	Lei dos Salários em Atraso
ME	Mecanismo Equivalente
N.º/ N.os	Número/Números
NRFGS	Novo Regime do Fundo de Garantia Salarial
Org.	Organização
P./PP.	Página/Páginas
PER	Processo Especial de Revitalização
RERE	Regime Extrajudicial de Recuperação de Empresas
RJFCT	Regime Jurídico do Fundo de Compensação do Trabalho
SIREVE	Sistema de Recuperação de Empresas por via Extrajudicial
S.n.	sem nome
Ss.	Seguintes
STJ	Supremo Tribunal de Justiça
TC	Tribunal Constitucional
TCAN	Tribunal Central Administrativo Norte
TRC	Tribunal da Relação de Coimbra
TRE	Tribunal da Relação de Évora
TRG	Tribunal da Relação de Guimarães
TRL	Tribunal da Relação de Lisboa
TRP	Tribunal da Relação do Porto
Vol.	Volume

INTRODUÇÃO

Dada a atualidade e sensibilidade do tema da insolvência e o seu impacto nas relações laborais, torna-se necessário e útil estudar e dar a conhecer os mecanismos existentes no nosso ordenamento jurídico para que os trabalhadores, que veem a sua – por vezes única – fonte de rendimento cessar, possam fazer valer os seus direitos no processo de insolvência.

Assim, e uma vez que, frequentemente, os bens integrantes na massa insolvente não são suficientes para pagar a totalidade dos credores, propomo-nos esmiuçar as soluções legislativas existentes para salvaguardar, tanto quanto possível, os créditos dos trabalhadores, por representarem um grupo de credores muito frágil. No entanto, também teremos ocasião de constatar que o legislador português não menosprezou, de todo, os créditos laborais, e que a lei os protege bastante.

Contudo, não podemos limitar a nossa análise à proteção destes créditos, pois existem outros credores que devem ver também os seus interesses satisfeitos, embora tenham outra capacidade financeira. Por isso, vamos analisar, de forma crítica, todos os meios de tutela dos créditos laborais que se encontram legalmente previstos.

Destarte, para uma melhor contextualização e compreensão do tema, começaremos por tratar a evolução histórica do direito da insolvência em Portugal, seguida de uma breve exposição sobre o que se deve entender por situação de insolvência, as consequências geradas pela sentença de declaração de insolvência no destino da empresa (manutenção, encerramento ou transmissão) e, consequentemente, nos contratos de trabalho.

Após essa exposição, constatamos que os trabalhadores se tornam credores no processo de insolvência, detendo créditos remuneratórios, indemnizatórios e compensatórios, os quais podem assumir natureza diversa: créditos sobre a massa insolvente ou créditos sobre a insolvência. É essencial fazer esta distinção, porquanto implica diferenças no modo de satisfação dos referidos créditos.

Entraremos, subsequentemente, no capítulo referente à tutela dos créditos laborais, analisando os diferentes regimes jurídicos de tais meios de proteção, como é o caso dos privilégios creditórios, do Fundo de Garantia Salarial, do Fundo de Garantia de Compensação de Trabalho, Fundo de Compensação de Trabalho e Mecanismo Equivalente e o direito de alimentos ao trabalhador insolvente consagrado no CIRE.

Estes modos de tutela dos créditos laborais levantam, por vezes, dúvidas doutrinais e jurisprudenciais, as quais tentaremos aprofundar, oferecendo, quanto às mesmas, a nossa modesta opinião.

Por fim, proporemos a aquisição do estabelecimento pelos trabalhadores como forma de tutelar não só este grupo de credores, mas também os demais credores e a própria economia, através de uma venda controlada do estabelecimento aos credores/trabalhadores, que já possuem conhecimentos na atividade a desenvolver, canalizando, deste modo, os seus créditos para a aquisição deste estabelecimento, que se manterá em funcionamento.

Acreditamos ser esta uma forma de os trabalhadores evitarem não só a perda dos seus créditos, como também o investimento num negócio que eles próprios já dominam, daí retirando os devidos proveitos.

Procuramos também, ao longo da dissertação e sempre que tal se afigurou pertinente, confrontar o ordenamento jurídico português com o ordenamento jurídico espanhol em alguns aspetos e soluções.

Terminaremos a presente dissertação com a formulação das conclusões, que revelarão todo o ensinamento retirado da investigação.

CAPÍTULO I
EVOLUÇÃO HISTÓRICA DO DIREITO DA INSOLVÊNCIA EM PORTUGAL

1. Nota introdutória

Hodiernamente, o processo de insolvência é um processo de execução universal, pois incide sobre todos os bens do devedor, cujo objetivo é satisfazer os interesses dos credores. Essa satisfação poderá ser conseguida através da recuperação da empresa inserida na massa insolvente ou mediante a liquidação do património do devedor (art.º 1º do CIRE[1]).

O processo de insolvência surge num contexto de impossibilidade de cumprimento das obrigações pecuniárias. No entanto não deve confundir-se essa impossibilidade com incumprimento, isto é, segundo CATARINA SERRA[2], para se ser declarado judicialmente insolvente não é necessário que haja um incumprimento efetivo, mas sim que o devedor tenha uma ou várias obrigações a que não consiga fazer face a um ou mais credores.

[1] Sempre que a disposição legal é referida sem indicação da fonte, deve entender-se que se reporta ao CIRE.

[2] A mesma Autora acrescenta que a insolvência corresponde a uma crise económica do devedor e não a um mero incumprimento, o que implica não a liquidação de um ou outro bem do devedor, mas sim uma liquidação total. – CATARINA SERRA, *A Falência no Quadro da Tutela Jurisdicional dos Direitos de Crédito*. Coimbra: Coimbra Editora, 2009. Pp. 228 e 276.

Além disso, e de acordo com o pensamento de JOANA COSTEIRA[3], a situação de insolvência reporta-se às obrigações em geral, enquanto o conceito de incumprimento aplica-se a uma relação jurídica em concreto, da qual resultou uma obrigação que o devedor não cumpriu.

De facto, as situações de não cumprimento não são recentes. Essas situações, a que atualmente chamamos de "insolvência", remontam ao tempo das Ordenações[4], sendo que, na época, se denominavam "quebra" e, mais tarde, "falência".

Analisaremos, de seguida, os vários sistemas legais que protagonizaram a evolução do regime da insolvência em Portugal.

2. Sistema da falência-liquidação

Este sistema aplicou-se até ao Código de Processo Civil de 1961.

Neste sistema, distinguia-se o instituto da falência do instituto da insolvência, sendo o primeiro aplicado à situação de não cumprimento dos comerciantes e o segundo aplicado à mesma situação dos não comerciantes.

Para além disso, este sistema pretendia satisfazer os direitos dos credores através da liquidação de todos os bens integrantes do património do devedor e, ao mesmo tempo, tinha uma função punitiva do devedor.

2.1. Ordenações

Nas Ordenações Afonsinas[5], ainda influenciadas pelo direito romano em que se privilegiava a execução pessoal, procurou evitar-se a prisão por dívidas se o devedor tivesse por onde pagar ou fizesse cessão dos seus bens (Livro V, título CVIII, n.º 1).

[3] JOANA COSTEIRA, *Os Efeitos da Declaração de Insolvência no Contrato de Trabalho: a tutela dos créditos laborais*. 2ª Ed.. Coimbra: Almedina, 2017. P. 15.

[4] Compilações de leis régias.

[5] PORTUGAL. *Ordenações Afonsinas* [em linha]. [Consult. 12/08/2019]. Disponível em URL: http://www.cic.uc.pt

Era também possível que o credor concedesse ao devedor uma moratória pelo período de cinco anos, findos os quais, sem que o devedor tivesse cumprido o pagamento, seria preso (Livro III, título CXXI)[6].

Nas Ordenações Manuelinas[7], restringiu-se a possibilidade de cessão de bens do devedor, devido ao modo fraudulento e malicioso com que este instituto por vezes era utilizado pelo devedor, acabando por colocar em crise os interesses dos credores (Livro III, Título LXXXIX)[8]. Já a moratória concedida pelos credores manteve-se (Livro III, título LXXIX).

Nas Ordenações Filipinas[9], os mercadores que fugissem com o seu dinheiro e mercadorias para não terem como cumprir as suas obrigações eram considerados ladrões públicos e, como tal, incorriam em pena de morte (Livro V, Título LXVI, proémio). Se tal não fosse possível, por falta de prova, eram degredados, não podendo mais utilizar o título de mercador (Livro V, Título LXVI, n.º 1).

A acrescer, não podiam fazer cessão de bens, nem gozar de moratória concedida pelos credores (Livro V, Título LXVI, n.º 2). Se, eventualmente, o mercador escondesse os seus bens em mosteiros, fortalezas, navio, igrejas ou algum dos lugares previstos no Livro V, Título LXVI, n.º 3, os bens eram apreendidos de imediato.

Os terceiros devedores do insolvente ou possuidores de algum bem pertencente a este teriam de pagar a dívida ou entregar o bem ao oficial de justiça, pois, caso pagassem ou entregassem o bem diretamente ao insolvente, teriam de pagar novamente aos credores (Livro V, Título LXVI, n.º 4).

Era ainda proibido às pessoas recolher os insolventes em suas casas e quem o fizesse, além de ter de pagar com o seu próprio dinheiro aos credores, seria punido (Livro V, Título LXVI, n.º 5).

[6] Menezes Leitão, *Direito da Insolvência*. 10ª Ed.. Coimbra: Almedina, 2021. P. 48.

[7] Portugal, *Ordenações Manuelinas* [em linha]. [Consult. 12/08/2019]. Disponível em URL: http://www1.cic.uc.pt

[8] Marcus Vinicius Alcântara Kalil, A evolução das falências e insolvências no Direito Português. *Revista de Direito Comercial* [em linha]. (2017), p. 340. [Consult. 28/08/19]. Disponível em URL: http://www.revistadedireitocomercial.com.

[9] Portugal, *Ordenações Filipinas* [em linha]. [Consult. 12/08/2019]. Disponível em URL: http://www1.cic.uc.pt

Era também proibido ajudar os insolventes encobrindo a sua pessoa ou os seus bens, sendo que, quem o fizesse, pagaria aos credores e seria punido pelo mesmo crime que o insolvente (Livro V, Título LXVI, n.º 6).

No Livro V, Título LXVI, n.º 7 estabelecia-se que se as pessoas estivessem em "situação de quebra" por jogarem ou gastarem demasiadamente, não eram sujeitas à pena de morte, mas a penas de degredo.

Finalmente, no Livro V, Título LXVI, n.º 8 fazia-se referência àqueles que não pagavam as suas dívidas por terem recebido «*...grandes perdas no mar ou na terra em seus tratos e comércio lícitos*», portanto, sem culpa. Assim, estes insolventes não incorriam na prática de qualquer tipo de crime cabendo à justiça solucionar a situação através de um acordo com os credores.

As Ordenações Filipinas versavam também sobre o trabalho, mais propriamente nos Títulos XXIX e ss. do Livro IV, e influenciadas pelo Direito Romano, acabaram por enquadrar o serviço prestado pelos criados aos seus amos na figura da locação-condução, segundo a qual o homem livre locava os seus serviços/atividade laboral (*operae*), mediante um salário (*merces*), que era o *pretium* de uma quase-servidão[10].

Nesta fase, não era ainda reconhecida a figura do contrato de trabalho com todos os direitos e deveres que lhe estão subjacentes, pelo que nada se encontrava estabelecido quanto aos créditos dos trabalhadores em caso de quebra do empregador.

2.2. Código Comercial de 1833

Com o Decreto de 18 de setembro de 1833 surge o Código Comercial de 1833, igualmente conhecido por Código Ferreira Borges, que regulava pela primeira vez, em termos sistemáticos, o instituto da insolvência[11]. Este Código Comercial previa e distinguia duas causas para o estado de quebra (que ocorria quando o comerciante cessava os seus pagamentos): a quebra fortuita ou fraudulenta (art.º I e III do Título XI do Livro III da Parte I).

[10] António dos Santos Justo, O Contrato de Trabalho no Direito Romano (Locatio-Conductio Operarum), in *Ars Ivdicandi. Estudos em Homenagem ao Prof. Doutor António Castanheira Neves*, vol. III, Coimbra, 2008, pp. 781 e ss.

[11] Menezes Leitão, *Direito da Insolvência*. 10ª Ed.. Coimbra: Almedina, 2021. P. 50.

Um dos traços caracterizadores deste Código é o facto de distinguir marcadamente os comerciantes (comerciantes em nome individual e sociedades comerciais – art.º 13º do Código Comercial) dos não comerciantes, portanto o comerciante que não reunia condições para satisfazer os seus pagamentos achava-se em estado de quebra e o não comerciante na mesma situação achava-se em estado de insolvência (art. II do Título XI do Livro III da Parte I).

Assim, este Código Comercial estabelecia um processo especial de falência em paralelo ao regime comum da insolvência que cabia ao Direito Civil tratar.

Segundo o referido Código, o comerciante que cessasse os seus pagamentos tinha o dever de dar a conhecer o seu estado de quebra junto do tribunal (art.º IV do Título XI do Livro III da Parte I), no entanto a falência poderia ser ainda decretada a requerimento do credor comercial do falido (art.º VI do Título XI do Livro III da Parte I) ou da iniciativa do tribunal (art.º IX do Título XI do Livro III da Parte I).

Apesar de ser um Código vigente no sistema da falência-liquidação e, consequentemente, orientar-se para essa mesma liquidação, tal Código oferecia também ao comerciante devedor meios de recuperação, nomeadamente as concordatas (arts. LXVI e ss., Título XI do Livro III da Parte I) e as moratórias (Título XIII do Livro III da Parte I)[12].

No que diz respeito ao crédito dos trabalhadores, este código não tratava a sua natureza. Porém, reconhecia-os e tutelava-os no art.º CXVIII do Título XI, Livro III, Parte I, que referia o seguinte: «*...Os credores em geral são chirographarios ou hypothecarios: os chirographarios podem ser privilegiados, ou simples chirogragrapharios. Os simples chirographarios entre si concorrem no mesmo grão sem embargo de datas: em concurso com chirographarios privilegiados preferem estes...*».

Seguidamente, o art.º CXIX estabelecia que eram privilegiados, nos termos do artigo precedente, os salários.

Por sua vez, os credores hipotecários seriam pagos pelo produto da venda dos bens onerados com a respetiva hipoteca, tal como acontece atualmente.

12 Marcus Vinicius Alcântara Kalil, A evolução das falências e insolvências no Direito português. *Revista de Direito Comercial* [em linha]. (2017), p. 346. [Consult. 28/08/19]. Disponível em WWW: URL: http://www.revistadedireitocomercial.com

2.3. Código Comercial de 1888

Pela Carta de Lei de 28 de junho de 1888 é aprovado o Código Comercial de 1888, ou também designado Código Comercial de Veiga Beirão, no qual o regime das falências é regulado no Livro IV.

Este Código não veio trazer alterações de fundo ao regime especial das falências, continuando a fazer a distinção entre falência e insolvência com base num critério subjetivo e alargando um pouco a ideia de que um comerciante quebrado seria não só aquele que cessasse os seus pagamentos, mas também aquele cujo ativo fosse insuficiente para satisfazer o passivo (art. 692º do referido Código).

O dito Código veio ainda prever a possibilidade de a declaração de quebra poder ser requerida pelo falido ou pelos seus credores (art.º 696º do Código). Previu igualmente a nomeação de um administrador com a obrigação de apreender os bens do devedor e liquidá-los para, seguidamente, distribuir o produto da venda pelos credores (art.º 701º e art.º 702º, ambos do Código Comercial de 1888). Admitia ainda a moratória e a concordata como dois meios para prevenir ou suspender o processo de falência, previstos nos arts. 730º e ss. do dito Código.

Em momento algum, no Livro IV deste Código, que regulava a falência, se trata dos créditos dos trabalhadores, mas o art.º 720º referia que a graduação de créditos seria determinada segundo os preceitos do Código Civil e as disposições especiais daquele Código.

De facto, neste momento, o Código Civil de 1867 já previa que o crédito proveniente de salários, relativo a um ano, gozava de privilégio mobiliário geral, e os créditos dos operários fabris gozavam ainda de privilégio mobiliário especial, relativo aos últimos três meses, no valor dos produtos fabricados, nos termos dos arts. 883ºe 884º, do CC de 1867.

Existiam ainda privilégios mobiliários especiais nos frutos dos prédios rústicos respetivos de que gozavam os créditos dos criados de lavoura, relativos aos últimos três meses, ao abrigo do art.º 880º, do CC de 1867.

2.4. Código das Falências de 1899

No Código das Falências de 1899, aprovado por Decreto de 26 de julho de 1899, abre-se o leque dos fundamentos para a declaração de falência. Assim, além da cessação de pagamentos, podia servir de critério para aquela declaração a fuga do comerciante ou o abandono do estabelecimento e a insuficiência do ativo para satisfazer o passivo, este último já introduzido no Código anterior (art. 1º, § 1º do Código das Falências de 1899).

O dever de apresentação do comerciante à falência mantinha-se (art.º 6º do Código de Falências de 1899).

Parece resultar da análise das normas deste Código o desaparecimento da moratória enquanto meio de recuperação do comerciante, restando apenas a concordata (art.º 107º do Código em questão). No entanto, para Barbosa de Magalhães «*A moratoria está evidentemente comprehendida nos limites da concordata: quem póde conceder desconto de mais de metade dos seus créditos, e prorrogação do seu vencimento até três anos, por maioria de razão póde dar simples espera de pagamento pelo mesmo praso.*»[13]

No âmbito deste código, mantinha-se também a lógica da liquidação (arts. 82º e ss. do Código das Falências de 1899).

2.5. Código de Processo Comercial de 1905

Segundo o art. 3º do Decreto de 26 de julho de 1899, que aprovou o Código das Falências acima mencionado, o Governo faria uma nova publicação do Código de Processo Comercial de 1895 no qual se inseriria o Código das Falências. Foi então o Decreto de 14 de dezembro de 1905 o responsável pela junção dos dois diplomas, dando assim origem ao Código de Processo Comercial de 1905, que acabou por não trazer grandes novidades[14].

2.6. Decreto nº 21758, de 22 de outubro de 1932

O Decreto nº 21758, de 22 de outubro de 1932, veio regular o instituto da insolvência dos devedores não comerciantes (art. 1º do Decreto nº 21758), aplicável igualmente às sociedades civis sob a forma comercial ou simplesmente civis (art. 24º do referido Decreto).

[13] José Maria Barbosa de Magalhães, *Código de Fallencias Annotado.* Lisboa: Parceria António Maria Pereira, 1901. P. 284.

[14] Menezes Leitão, *Direito da Insolvência.* 10ª Ed.. Coimbra: Almedina, 2021. Pp. 55 e 56.

Este diploma legal trouxe, de facto, uma enorme inovação, uma vez que a situação dos não comerciantes insolventes acabou por ficar um pouco esquecida, sujeitando-os às execuções individuais, algo mais prejudicial aos direitos dos credores, atendendo às fraudes muitas vezes cometidas.

Com a inserção no ordenamento jurídico português deste regime da insolvência, criou-se pela primeira vez a possibilidade de existir uma liquidação coletiva em benefício dos vários credores do devedor não comerciante[15].

2.7. Código das Falências de 1935

Em 1935, surge o novo Código das Falências publicado pelo DL n.º 25981, de 26 de outubro.

O surgimento deste novo código deveu-se, de acordo com o n.º 1 do seu preâmbulo, ao facto de a profissão de comerciante ser uma profissão de cada vez mais fácil acesso, ao contrário do que acontecia na época em que o regime das falências foi elaborado. Durante longos anos, não era fácil adquirir-se o estatuto de comerciante, pois era necessário, sobretudo, experiência, uma vez que não existiam as ajudas a que atualmente estamos habituados, por isso era também uma profissão pautada por inúmeros princípios e regras de conduta.

Entretanto, com a crescente facilidade de acesso a tal profissão, caíram por terra esses princípios e, consequentemente, toda a ética existente entre os comerciantes.

Deste modo, começaram a fazer-se negócios completamente catastróficos, sem qualquer análise de risco, que iam arruinando a economia, e na tentativa de uns e outros se salvarem começaram a adotar-se atitudes completamente reprováveis.

Assim, era necessário rever todo o regime.

De entre algumas modificações, salientamos as seguintes: o estado de falência passou a depender da impossibilidade do comerciante solver os seus compromissos (art.º 1º do Código de Falências de 1935), assim, enquanto houvesse a possibilidade de recorrer ao crédito, o comerciante não podia ser considerado falido, com exceção das sociedades de responsabilidade limitada, pois não gozando estas de crédito pessoal a impossibilidade de solver os

[15] *Ibidem*. Pp. 56 e 57.

respetivos compromissos estaria ligada à insuficiência do ativo e, consequentemente, podiam ser, com esse fundamento, declaradas falidas, conforme é referido no nº4 do preâmbulo do Código aqui em análise.

Este Código distinguia entre falência casual, culposa ou fraudulenta (art.º 194º do Código em análise), prevendo pena de prisão para as duas últimas (art.º 198º do mesmo Código).

Além disto, o Código previu ainda um processo de falência destinado aos pequenos comerciantes, nos arts. 239º e ss..

2.8. Código de Processo Civil de 1939

O Código das Falências de 1935 esteve em vigor por um período de tempo bastante reduzido, visto que, com o DL n.º 29637, de 28 de maio, foi criado o Código de Processo Civil de 1939, no qual se unificou a disciplina da falência e da insolvência civil, apesar de se manterem distintas ao nível subjetivo e objetivo.

Quer o regime da falência quer o regime da insolvência civil eram considerados, à luz deste Código, processos especiais de liquidação de patrimónios em benefício de credores, previstos na Secção III, Capítulo XVI, do Título IV, do Livro III daquele Código.

Algumas das suas distinções, assentavam, mais uma vez, no facto de a falência ser um instituto aplicável aos comerciantes e às sociedades de responsabilidade limitada, conforme os arts. 1135º e 1136º, § 1º do Código, e, por sua vez, a insolvência ser aplicável aos devedores não comerciantes estendendo-se às sociedades civis, tal como previsto, respetivamente, nos arts. 1355º e 1368º do Código de Processo Civil de 1939; por outro lado, a falência estava ligada à impossibilidade do comerciante solver os seus compromissos (art.º 1135º do mesmo Código), pois aquele, sendo comerciante, facilmente conseguiria aceder ao crédito. Verifica-se uma exceção quanto às sociedades de responsabilidade limitada, que poderiam ser declaradas falidas com base na insuficiência do ativo para satisfazer o passivo, por força das razões já expostas[16] (art. 1136º, nº3, § 1º do Código de Processo Civil de 1939). Já a insolvência prendia-se com o facto de o ativo do devedor não comerciante ou da sociedade civil

[16] Cfr. ponto 2.7 do presente capítulo.

ser inferior ao passivo (art.º 1355º do Código de Processo Civil de 1939). Os motivos de declaração de falência poderiam ser a cessação de pagamentos; a fuga do comerciante ou ausência do seu estabelecimento, sem indicar um representante; e a dissipação de bens. No caso da insolvência, existia uma presunção de insolvência quando contra o devedor pendessem pelo menos duas execuções não embargadas ou quando lhe fossem arrestados os bens com fundamento no justo receio de insolvência e não tenha alegado a sua solvência ou, tendo-a alegado, os embargos tenham sido julgados improcedentes[17].

Neste Código mantinha-se um regime simplificado de falência para os pequenos comerciantes, nos seus arts. 1337º a 1350º.

Além disto, o Código de Processo Civil de 1939 previa a concordata nos arts. 1236º e ss., o acordo de credores nos arts. 1286º e ss., que consistia na constituição de uma sociedade pelos credores que fizeram ou intervieram no acordo, com a obrigação de satisfazer aos credores não aceitantes a percentagem fixada no acordo, e a moratória nos arts. 1297º e ss., como meios preventivos e suspensivos da falência.

Nesta fase, encontrava-se já em vigor a LCT de 1937, que definia no seu art.º 1º o contrato de trabalho como toda a convenção por força da qual uma pessoa se obrigava, mediante retribuição, a prestar a outra a sua atividade profissional, ficando, no exercício desta, sob as ordens, direção ou fiscalização da pessoa servida.

No que respeita à falência ou insolvência civil, esta lei trouxe uma novidade, porquanto veio afirmar que, naquelas situações, se considerava existir justa causa de despedimento, não havendo por isso lugar a qualquer indemnização (art.º 11º LCT).

3. Sistema de falência-saneamento

A segunda fase da evolução histórica do regime da insolvência em Portugal é protagonizada pelo sistema de falência-saneamento. Este sistema existiu

[17] Sobre as restantes distinções entre o regime da falência e o da insolvência civil cfr. Alberto dos Reis, *Código do processo civil: anotado.* 2ª Ed. aumentada e melhorada. Coimbra: Coimbra Editora, 1940. Pp. 780-858.

desde o Código de Processo Civil de 1961 até ao Código da Insolvência e Recuperação de Empresas de 2004.

O citado sistema é resultado de uma reflexão dos ordenamentos europeus em tempos de crise, nomeadamente no período da crise do petróleo iniciada em 1973.

Diante deste contexto económico, o sistema da falência-liquidação demonstrou-se desajustado, pois a falência, e consequente liquidação das empresas, colocava em causa os interesses dos credores, mas também uma multiplicidade de interesses de outros grupos sociais, como é o caso dos trabalhadores, dos bancos, dos investidores, que não eram dignos de qualquer tipo de tutela pelo sistema de falência-liquidação. Além disso, a mera liquidação da empresa apesar de satisfazer os interesses dos credores abalava outros fatores económicos. Perante isto, tornou-se necessário procurar meios alternativos à liquidação[18].

O sistema de falência-saneamento assumia duas formas: uma em que se privilegiava absolutamente a recuperação da empresa sobre a liquidação; outra em que, pese embora se privilegiasse a recuperação, não existindo condições favoráveis a tal recuperação, a empresa seria eliminada[19].

Esta nova fase inicia-se, desde logo, com o Código de Processo Civil de 1961.

3.1. Código de Processo Civil de 1961

O Código de Processo Civil de 1961, aprovado pelo DL 44.129, de 28 de dezembro de 1961, regulava o instituto da falência e da insolvência na Secção III, do Capítulo XV do Título IV, portanto ainda se inseriam na parte relativa à liquidação.

De facto, a grande modificação assistida neste Código foi a de se atribuir primazia aos meios preventivos de declaração da falência, nomeadamente a concordata e o acordo de credores (arts. 1140º e ss. do CPC de 1961), que eram também meios suspensivos daquela (arts. 1266º e ss. do CPC de 1961).

18 CATARINA SERRA, *A Falência no Quadro da Tutela Jurisdicional dos Direitos de Crédito*. Coimbra: Coimbra Editora, 2009. Pp. 190-191.

19 Cfr. a este propósito, *ibidem*, pp. 197-198.

Para Carvalho Fernandes[20] as poucas alterações introduzidas por este Código ao anterior Código de Processo Civil de 1939 foram ineficazes e insuficientes, pois, segundo o Autor, a eficácia dos meios preventivos da declaração da falência dependia da apresentação à falência do devedor antes de cessar os pagamentos ou nos dez dias seguintes à cessação, conforme o art.º 1140º, n.º 1 de tal Código.

Assim, revelava-se de extrema importância procurar soluções alternativas à falência.

Foi então que se estabeleceram medidas administrativas de saneamento financeiro das empresas em situação económica difícil[21].

Estas medidas tiveram início, desde logo, na área laboral, com o DL n.º 864/76, de 23 de dezembro, dando a possibilidade a empresas em crise económica de serem isentas do cumprimento de certas obrigações laborais (arts. 1º e 2º do DL); mais tarde, surge o DL n.º 124/77, de 1 de abril, que veio regulamentar a celebração de contratos de viabilização entre instituições de crédito e empresas em deterioração financeira; posteriormente, o DL n.º 353-H/77, de 29 de agosto, permitiu que empresas públicas ou privadas, cuja exploração se mostrasse deficitária, fossem declaradas em situação económica difícil e assim receberiam ajudas do Fundo de Desemprego para assegurar o pagamento do salário aos trabalhadores (art.º 5º do DL), mas, por outro lado, tais empresas tinham obrigações como, por exemplo, a de não distribuir lucros (art.º 8º do DL); o DL n.º 125/79, de 10 de maio, criou a Parageste – Sociedade Parabancária para a Recuperação de Empresas, S.A.R.L (art.º 1º do DL), cujo objeto seria recuperar empresas privadas em dificuldades financeiras, mas economicamente viáveis, com a colaboração de instâncias governamentais (art.º 2º do DL); entretanto o DL n.º 120/83, de 1 de março, alterou o DL n.º 125/79, de 10 de maio, criando a chamada Parempresa – Sociedade Parabancária para a Recuperação de Empresas S.A.R.L, cujo objeto era recuperar empresas privadas com dificuldades financeiras, mas economicamente viáveis, com a colaboração das instâncias governamentais e credores públicos e privados (art.º 2º do DL).

[20] Carvalho Fernandes, O Código da Insolvência e da Recuperação de Empresas na evolução do regime da falência no direito português. In Carvalho Fernandes e João Labareda, *Colectânea de Estudos sobre a Insolvência*. Lisboa: Quid Juris?, 2011. P. 51.

[21] Menezes Leitão, *Direito da Insolvência*. 10ª Ed.. Coimbra: Almedina, 2021. Pp. 68-69.

Deste modo, é notório que, com a introdução destas medidas administrativas avulsas, a prioridade era a de recuperação das empresas evitando a declaração de falência, no entanto nesta última fase prevalecia a ideia de que só as empresas economicamente viáveis deveriam ser passíveis de recuperação, devendo aquelas que não apresentassem capacidade de se reerguer ser declaradas falidas.

3.2. DL n.º 177/86, de 2 de julho

O DL n.º 177/86, de 2 de julho, veio criar um processo judicial de recuperação de empresas em situação de falência.

A implementação deste diploma ficou a dever-se às soluções extremas apresentadas pelo sistema da falência-liquidação que, com as propostas de eliminação judicial da empresa, acabavam por arruinar a economia.

Por um lado, no Código de Processo Civil de 1961 encontravam-se as normas relativas à falência e à insolvência, na parte relativa à liquidação de patrimónios, e este diploma legal, por seu lado, regulava os meios de recuperação de empresas.

Assim, através do DL n.º 177/86, de 2 de julho, o legislador pretendia desenvolver novas formas de recuperação da empresa, o que se revelava benéfico para os interesses dos credores, mas também para os dos trabalhadores e para o próprio mercado nacional.

Instituíram-se então três modalidades de recuperação de empresas: a concordata, nos arts. 20º e ss., o acordo de credores, nos arts. 26º e ss., e a gestão controlada da empresa, nos arts. 33º e ss., todos do DL n.º 177/86, de 2 de julho.

Aqui, a concordata e o acordo de credores não são mais vistos como meios de prevenção ou suspensão da declaração de falência, mas sim como meios de recuperação.

De acordo com o art.º 2º deste diploma legal, o processo especial de recuperação da empresa e de proteção de credores tem como sujeitos passivos as sociedades comerciais, os comerciantes em nome individual, as sociedades civis sob a forma comercial e as cooperativas.

Neste momento, estava em vigor a LCT de 1969 que, no seu art.º 113º, estabelecia que, em caso de encerramento definitivo da empresa, os contratos de trabalho caducavam, podendo aqui inserir-se o encerramento definitivo da empresa enquanto consequência da declaração de falência, sendo que os trabalhadores teriam direito às indemnizações fixadas para o despedimento nos arts. 109º e 110º[22].

O art.º 114º da LCT, por sua vez, determinava que a declaração de falência ou insolvência da entidade patronal não fazia caducar automaticamente o contrato de trabalho, devendo o administrador da falência ou insolvência continuar a satisfazer as retribuições que se fossem vencendo, se o estabelecimento não fosse encerrado e enquanto não o fosse.

Além disso, no seu art.º 25º, tratavam-se os privilégios creditórios de que os créditos emergentes do contrato de trabalho ou da violação ou cessação deste contrato gozavam, remetendo, para tanto, para a lei geral, a qual previa unicamente a existência de um privilégio mobiliário geral como garantia dos créditos dos trabalhadores.

Ora, a este propósito, o art.º 737º do CC de 1966, na redação introduzida pelo DL n.º 47344/66, de 25/11, então em vigor, prescrevia que os créditos emergentes de contrato de trabalho, ou da violação ou cessação deste contrato, pertencentes ao trabalhador, e relativos aos últimos seis meses, gozavam de privilégio mobiliário geral, sendo que tal prazo de seis meses se contava a partir do pedido de pagamento.

Quanto à ordem de graduação dos créditos com privilégio mobiliário geral, a mesma vinha, como vem, elencada no art.º 747º em conjugação com o art.º 737º, ambos do CC de 1966, na redação introduzida pelo DL n.º 47344/66, de 25/11, segundo os quais os créditos dos trabalhadores seriam graduados em último lugar, e não prevalece, tal como atualmente, contra terceiros titulares de direitos reais que recaiam sobre a coisa abrangida pelo privilégio (art.º 749º).

Uma vez que a tutela concedida aos créditos laborais não era satisfatória, mais tarde, em 1986, surge a LSA, através da Lei n.º 17/86, de 14 de junho, que previa garantias dos créditos dos trabalhadores bem mais satisfatórias, passando aqueles, a partir de então, a gozar de privilégio mobiliário geral e

[22] O art.º 109º da LCT fixa a indemnização para os casos em que o aviso prévio do despedimento sem justa causa, nos contratos sem prazo, não é respeitado, fixando a indemnização no montante da retribuição correspondente ao aviso prévio. O art.º 110º da LCT fixa a indemnização pelos prejuízos sofridos até ao valor das retribuições vincendas a ser paga nos casos de extinção por decisão unilateral, sem justa causa, de contratos com prazo.

privilégio imobiliário geral, deixando de ser graduados em último lugar conforme resultava do art.º 12º da LSA. Porém, tal tutela dos créditos em questão aplicava-se somente aos casos de não pagamento pontual da retribuição.

Segundo o art.º 12º, n.º 2 da LSA, os créditos relativos a retribuições devidas depois da entrada em vigor da LSA seriam graduados pela ordem indicada nas als. a) e b) do n.º 3 do art.º 12º da LSA, isto é, o privilégio mobiliário geral antes dos créditos abrangidos pelo n.º 1 do art.º 747º do CC, mas pela ordem dos previstos no art.º 737º do CC; quanto ao privilégio imobiliário geral, antes dos créditos enunciados no art.º 748º do CC e dos créditos relativos a contribuições devidas à Segurança Social. Já quanto aos créditos por retribuições em dívida antes da entrada em vigor da LSA, se já se tiverem constituído privilégios com direito a serem graduados antes dos privilégios mobiliários dos trabalhadores, estes serão graduados respeitando a ordem dos outros privilégios. Se não existirem privilégios constituídos anteriormente, observa-se a ordem consagrada nas als. do n.º 3 do art.º 12º da LSA[23].

Aquando da aprovação deste processo judicial de recuperação de empresas, tinha sido já instituído um sistema de garantia salarial na diretiva comunitária sobre a proteção dos trabalhadores em caso de insolvência do empregador (Dir. 80/987/CEE, de 20 de outubro de 1980), a qual foi transporta para a ordem jurídica interna pelo DL n.º 50/85, de 27 de fevereiro. Este sistema tinha o desiderato de garantir o pagamento dos créditos retributivos dos trabalhadores, que não pudessem ser pagos pelo empregador, devido a insolvência ou a situação económica difícil da empresa.

3.3. Código dos Processos Especiais de Recuperação de Empresa e da Falência (CPEREF)

O CPEREF, aprovado pelo DL n.º 132/93, de 23 de abril, foi o responsável pela unificação do regime da falência e da recuperação de empresas[24].

Como se afirma no n.º 2 do Preâmbulo do DL n.º 132/93, de 23 de abril, que aprovou o CPEREF, neste diploma dá-se total prioridade à recuperação

[23] Soveral Martins, *Salários em Atraso*. Coimbra: Centelha, 1986. P. 29.

[24] Menezes Leitão, *Direito da Insolvência*. 10ª Ed.. Coimbra: Almedina, 2021. P. 73.

da empresa face à falência, que conduz à eliminação definitiva da empresa devedora.

Partindo do art.º 1º, n.º 2, do CPEREF, é notório o critério que serve de base à aplicação do processo de recuperação de uma empresa: a viabilidade económica. Destarte, sempre que a empresa seja economicamente viável, a sua recuperação sobrepõe-se à falência, passando esta a ser a última *ratio*.

Algumas inovações importantes verificadas com a criação deste DL foram as seguintes: deixa, desde logo, de revestir importância a dicotomia da falência para os comerciantes e insolvência para os não comerciantes, visto que o critério determinante para a aplicação do processo de recuperação é a existência de empresa[25]; por outro lado, a insolvência deixou de existir, enquanto processo, para passar a existir enquanto um estado, uma situação, que se caracteriza pela impossibilidade de cumprimento pontual de pagamentos, devido à carência de meios próprios e à falta de crédito. Portanto, o processo de falência passou a ser o único processo destinado à liquidação de patrimónios, aplicável a comerciantes e não comerciantes[26].

Vale isto por dizer que

> *«...a falência (...) reduz-se à declaração e ao processo subsequentes à verificação de certos pressupostos objetivos (situação de insolvência e impossibilidade de aplicação do processo de recuperação da empresa – devida à inexistência de empresa ou à sua inviabilidade económica) e para cuja aplicabilidade é irrelevante a qualidade de comerciante do devedor[27].»*

Prescrevia o art.º 27º do mesmo diploma que, o devedor insolvente, que não fosse titular de uma empresa, podia ser declarado em situação de falência, mas não podia gozar do processo de recuperação. Ora, para gozar do processo de recuperação era necessário estar em causa uma empresa, em situação de insolvência e economicamente viável. Nos restantes casos, o processo a aplicar

[25] Carlos Ferreira de Almeida, O âmbito de aplicação dos processos de recuperação de empresa e de falência. *Revista da Faculdade de Direito da Universidade de Lisboa*. Lisboa: Faculdade Direito da Universidade de Lisboa. Vol. XXXVI, n.º 2 (1995). P. 385.

[26] Catarina Serra, *Falências derivadas e âmbito subjetivo da falência*. Coimbra: Coimbra Editora, 1999. P. 37-38.

[27] *Ibidem*. P. 38.

seria o processo de falência, sendo certo que o devedor não titular de empresa sempre poderia fazer uso da concordata particular, regulada nos arts. 240º a 245º do CPEREF que remetiam, com as necessárias adaptações, para o regime da concordata enquanto meio de recuperação.

A noção de empresa prevista no art.º 2º do referido diploma, para efeitos de aplicação do processo de recuperação, era extremamente ampla. Neste âmbito, o processo de recuperação era aplicável a «*...toda a organização dos fatores de produção destinada ao exercício de qualquer atividade agrícola, comercial ou industrial ou de prestação de serviços*» (art.º 2º).

Segundo Catarina Serra[28], parecia poder incluir-se naquele conceito de empresa o artesanato e as profissões liberais, e afirmava ainda esta Autora que, para determinada atividade caber em tal conceito não se exigia a profissionalidade ou sistematicidade da atividade, nem tão pouco a finalidade lucrativa.

Para Carvalho Fernandes e João Labareda[29] podiam ainda ser objeto do processo de recuperação o agrupamento complementar de empresas, o estabelecimento individual de responsabilidade limitada, as sociedades civis com personalidade jurídica e as associações económicas sem fins lucrativos. Para estes Autores, o critério legal assentava na organização de fatores de produção, sendo essencial a característica da indissociabilidade entre o produto ou o serviço prestado e produtor ou prestador.

Estabelecia o art.º 2º do decreto preambular que «*Os regimes de recuperação da empresa e de falência não são aplicáveis às pessoas coletivas públicas, nem prejudicam a legislação especial relativa às empresas públicas, às instituições de crédito e às sociedades seguradoras*». Assim, as pessoas coletivas estão excluídas da aplicação destes regimes, já as restantes entidades referenciadas na norma são passíveis de aplicação destes processos, desde que isso não colida com as suas legislações especiais.

Em conclusão, podemos afirmar que, primeiramente, deve analisar-se se se está perante uma empresa para efeitos do art.º 2º. Se sim, terá de se estudar a sua viabilidade económica para efeitos de recuperação. Se for economicamente viável, segue-se para a recuperação; em caso negativo, o devedor insolvente,

[28] Catarina Serra, *Falências derivadas e âmbito subjetivo da falência*. Coimbra: Coimbra Editora, 1999. P. 54.

[29] Carvalho Fernandes e João Labareda, *Código dos processos especiais de recuperação da empresa e de falência anotado*. 3ª Ed.. Lisboa: Quid Juris, 2000. P. 66-67.

portanto o titular da empresa, será submetido ao processo de falência. No caso de não se estar perante uma empresa à luz do art.º 2º, o devedor apresenta uma proposta de concordata particular (arts. 240º a 245º do CPEREF) ou será sujeito ao processo de falência[30].

Durante a vigência do CPEREF, manteve-se tudo quando ficou referido *supra* em 3.2., no que diz respeito às garantias dos créditos dos trabalhadores, embora tenha havido algumas alterações com a entrada em vigor da Lei n.º 96/2001, de 20 de agosto, as quais vieram reforçar os privilégios dos créditos laborais em processo de falência e alargar o período de cobertura do Fundo de Garantia Salarial.

Nos termos daquela Lei, os créditos laborais em processo de falência, incluindo-se os derivados da violação e cessação do contrato de trabalho não abrangidos pela LSA, até então sujeitos ao privilégio previsto no art.º 737º do CC, passariam a gozar de privilégio mobiliário geral e privilégio imobiliário geral (art.º 4º da Lei n.º 96/2001, de 20 de agosto)[31]. Contudo, esta garantia concedida aos trabalhadores foi alvo de críticas por Pedro Romano Martinez32, pois o art.º 12º, n.º 1, al. b) da LSA admitia a constituição de um privilégio imobiliário geral, ao contrário do Código Civil, onde os privilégios imobiliários são sempre especiais (art.º 735º, n.º 3 CC); acrescentava ainda o art.º 12, n.º 3, al. b) LSA que aquela garantia prevalecia sobre os privilégios imobiliários especiais estabelecidos no art.º 748º do CC. Para aquele Autor, havia, desde logo, uma incongruência pelo facto de uma figura geral prevalecer sobre uma especial. Além disso, aquele entendimento acarretava a seguinte consequência: se, no Código Civil, os privilégios imobiliários especiais prevalecem sobre os direitos anteriores de terceiros, nos termos do art.º 751º, e se o privilégio imobiliário geral, consagrado na LSA, prevalecia sobre o especial previsto no art.º 748º do CC, conforme indica o art.º 12º, n.º 3, al. b) LSA, então prevaleceria também sobre os direitos anteriores de terceiros. Isto implica

[30] Catarina Serra, *Falências derivadas e âmbito subjetivo da falência*. Coimbra: Coimbra Editora, 1999. P. 63.

[31] Cfr. a este propósito, acórdão do Supremo Tribunal de Justiça [em linha], de 12 de junho de 2003 (proc. n.º 03B1550), relatado pelo Conselheiro Santos Bernardino. [Consult. 17/12/2020]. Disponível em WWW: URL:http://www.dgsi.pt.

[32] Pedro Romano Martinez, Repercussões da Falência nas Relações Laborais. *Revista da Faculdade de Direito da Universidade de* Lisboa. Lisboa: Faculdade Direito da Universidade de Lisboa. Vol. XXXVI, 1995. P. 422.

uma limitação dos direitos de terceiros, semelhante a uma expropriação. Ora, conforme acrescenta o mesmo Autor[33], não sendo os terceiros protegidos, entre os quais os financiadores do empregador, não estão dispostos a correr riscos, ficando assim inviabilizada a recuperação económica da empresa.

Em relação ao Fundo de Garantia Salarial, este diploma legal veio alterar o art.º 4º, n.º 1 do DL n.º 219/99, de 15 de junho (que, por sua vez, procedeu à revisão do sistema de garantia salarial instituído pelo DL n.º 50/85, de 27 de fevereiro), o qual passou a prever que os créditos seriam pagos até ao montante equivalente a seis meses de retribuição, a qual não podia exceder o triplo da remuneração mínima mensal mais elevada garantida por lei.

O art.º 152º do CPEREF estabelecia que, com a declaração de falência, se extinguiam os privilégios creditórios do Estado, das autarquias locais e das instituições de segurança social, o que acabava também por reforçar a posição dos trabalhadores.

O CPEREF conteve, no seu capítulo IV, os efeitos da falência e, especialmente na secção III daquele capítulo, os efeitos em relação aos trabalhadores do falido.

Durante a vigência do CPEREF, o regime geral de cessação do contrato de trabalho, para o qual o art.º 172º do CPEREF acabava por remeter, era regido pelo DL n.º 64º- A/89, de 27 de fevereiro (LCCT), cujo art.º 56º referia que a declaração de falência não implicava, automaticamente, a cessação dos contratos de trabalho, devendo o administrador da massa falida continuar a satisfazer integralmente as obrigações que decorressem de tais contratos, enquanto o estabelecimento não fosse encerrado definitivamente (n.º 1 do citado art.º 56º).

Porém, em determinadas circunstâncias, com a falência do empregador, o estabelecimento encerrava e tal encerramento acarretava a cessação dos contratos de trabalho por caducidade, verificando-se a impossibilidade de o trabalhador prestar o seu trabalho e de a entidade empregadora o receber.

Para Pedro Romano Martinez34 esta cessação dos contratos de trabalho era semelhante àquela com fundamento em extinção dos postos de trabalho

[33] *Ibidem*. P. 423.

[34] Pedro Romano Martinez, Repercussões da Falência nas Relações Laborais. *Revista da Faculdade de Direito da Universidade de* Lisboa. Lisboa: Faculdade Direito da Universidade de Lisboa. Vol. XXXVI, 1995. Pp. 419-420.

por causas objetivas de ordem estrutural, tecnológica ou conjuntural relativas à empresa (art.º 3º, al. f) e arts. 16º ss. da LCCT), mas não estava sujeita exatamente ao mesmo regime, designadamente às formalidades previstas nos arts. 17º ss. LCCT, já que, conforme indica o art.º 24º, n.º 3 da LCCT, ocorrendo a insolvência do empregador, devem ser observados todos os requisitos previstos nas alíneas do n.º 1 do art.º 24º da LCCT, à exceção da al. d).

Quanto às restantes formalidades previstas para o despedimento coletivo, somos da opinião de que devem ser respeitadas, sob pena de se originarem despedimentos ilícitos (art.º 24º, n.º 1, als. a), b) e c) LCCT), cuja consequência seria a prevista no art.º 13º da LCCT. A única formalidade que consideramos pode ser dispensável é a fase de negociações, prevista no art.º 18º LCCT, a qual acabava por retardar uma decisão inevitável e agravar a situação da empresa. Todos os restantes procedimentos consideramos indispensáveis para acautelar os interesses dos trabalhadores, por forma a conhecerem a intenção de despedimento e começarem a procurar um novo trabalho. É preciso não esquecer que estamos numa área muito sensível, que tem que ver com os rendimentos e sustento de agregados familiares, e, portanto, não podem ser descuradas formalidades essenciais.

Já o n.º 2 do art.º 56º da LCCT veio estabelecer a possibilidade de o administrador fazer cessar os contratos de trabalho dos trabalhadores cuja colaboração não fosse indispensável à manutenção do funcionamento da empresa, antes do encerramento definitivo da mesma, desde que observado o regime estatuído nos arts. 16º a 25º para o despedimento coletivo.

Quer no caso do n.º 1 quer no caso do n.º 2 do art.º 56º da LCCT, os trabalhadores, perante a cessação do contrato de trabalho, tinham direito a uma compensação, sendo que, no primeiro caso, era a prevista no art.º 6º, n.º 2 da LCCT, e, no segundo caso, era a prevista no art.º 13º, n.º 3 por remissão do art.º 23º, n.º 3, ambos da LCCT.

Quanto à celebração de novos contratos de trabalho, o devedor não podia celebrar novos contratos de trabalho nos termos do art.º 148º, n.º 1 CPEREF. Quem poderia contratar, a termo certo ou incerto, os trabalhadores necessários à liquidação da massa falida seria o liquidatário judicial (art.º 173º CPEREF).

O art.º 172º do CPEREF, em conjugação com o art.º 37º da LCCT, consagrava ainda a possibilidade de os contratos de trabalho acompanharem a transmissão de estabelecimentos industriais e comerciais, passando o adquirente do estabelecimento a ser solidariamente responsável pelas obrigações do transmitente vencidas nos seis meses anteriores à transmissão, desde que reclamadas pelos interessados até ao momento da transmissão.

Por seu turno, o art.º 173º do CPEREF consagrava um novo fundamento para a celebração de contratos de trabalho a termo, certo ou incerto, sendo que esta contratação tinha como desiderato a liquidação da massa falida.

Apesar de a lei parecer deixar na disponibilidade das partes a modalidade do contrato a prazo, certo ou incerto, em rigor o termo era incerto *ex lege*, pois o contrato sempre caducava se, antes do preenchimento do termo certo, ocorresse a liquidação do estabelecimento[35].

4. Regresso ao sistema de falência-liquidação

Este regresso ao sistema de falência-liquidação inicia-se com a aprovação, em 2004, do CIRE, através do DL n.º 53/2004, de 18 de março, que veio substituir o CPEREF.

A redação inicial do art.º 1º do CIRE fazia referência à finalidade do processo de insolvência e estabelecia que tal finalidade seria a liquidação do património do devedor insolvente e a repartição do produto obtido pelos credores ou a satisfação dos interesses dos credores por meio de um plano de insolvência, que se baseie na recuperação da empresa.

Ora, é claro resultar da norma em questão que, com a entrada em vigor do CIRE, a recuperação perdeu primazia para dar novamente lugar ao processo de liquidação.

Catarina Serra[36] propõe que o nome do novo Código fosse reduzido a "Código da Insolvência", uma vez que, no seu entender, o único processo

[35] Carvalho Fernandes e João Labareda, *Código dos Processos Especiais e de Recuperação da Empresa e de Falência Anotado.* 3.ª Ed.. Lisboa: Quid Juris?, 2000. P. 441.

[36] Catarina Serra, As novas tendências do Direito Português da Insolvência – Comentário ao regime dos efeitos da insolvência sobre o devedor no projeto de Código da Insolvência. In António Cândido de Oliveira (org.), *Estudos em comemoração do 10º aniversário da licenciatura em direito da Universidade do Minho.* Coimbra: Almedina, 2004. P. 204.

admissível passou a ser o processo de insolvência, tornando-se a recuperação algo secundário, uma alternativa à liquidação.

Apesar de este diploma fazer referência à recuperação, relegando as suas medidas para o conteúdo do plano de recuperação, a verdade é que ela não existe nos mesmos moldes do passado, o que suscita várias críticas.

Catarina Serra[37] entende não ser o fim do primado da recuperação que merece ser criticado, mas sim o modo como o regime veio proposto, isto é, o desaparecimento do requisito da viabilidade económica da empresa para haver recuperação, a desjudicialização da recuperação da empresa, que faz com que o destino da mesma esteja nas mãos dos credores e, consequentemente, sejam ignorados os interesses públicos.

Por a satisfação dos direitos dos credores ser o objetivo máximo do processo de insolvência, o n.º 3 do Preâmbulo que aprova o CIRE determina que cabe àqueles a decisão de manutenção ou encerramento da empresa compreendida na massa insolvente, atribuindo-se-lhes, assim, poderes bastante alargados.

Concretamente, quanto aos créditos dos trabalhadores, surge através da Lei n.º 99/2003, de 27/08, o Código do Trabalho.

O Código do Trabalho, então em vigor, estabelecia no seu art.º 377º que os créditos emergentes do contrato de trabalho e da sua violação ou cessação, portanto créditos remuneratórios, indemnizatórios e compensatórios, gozavam de privilégio mobiliário geral, desde que relativos aos últimos seis meses, contados do pedido de pagamento, tal como acontecia anteriormente, e passavam a gozar de privilégio imobiliário especial sobre os bens imóveis do empregador nos quais o trabalhador preste a sua atividade, o que se manteve até ao Código do Trabalho atual (Lei n.º 7/2009, de 12 de fevereiro, na sua versão mais recente introduzida pela Lei n.º 1/2022, de 03/01).

Os créditos que gozassem de privilégio imobiliário especial seriam graduados antes dos créditos referidos no art.º 748 do CC e ainda dos créditos de contribuições devidas à Segurança Social, ao passo que os créditos que gozassem de privilégio mobiliário geral seriam graduados antes dos créditos referidos no nº1 do art.º 747º do CC.

[37] Catarina Serra, *O regime português da insolvência*. 5ª Ed., rev. atual.. Coimbra: Almedina, 2012. P. 22-23.

Este Código do Trabalho previa ainda outros modos de tutela dos créditos laborais, designadamente: a responsabilidade solidária do empregador e das sociedades que com este se encontrem em relação de participações recíprocas, de domínio ou de grupo (art.º 378º do CT de 2003); a responsabilidade dos sócios que se encontrem numa das situações previstas no art.º 83º do CSC (art.º 379º do CT de 2003); a instituição de um Fundo de Garantia Salarial para os casos em que, por motivo de insolvência ou de situação económica difícil, o empregador não pode suportar os créditos laborais (art.º 380º do CT de 2003)[38]; as regras especiais de prescrição dos créditos que resultem do contrato de trabalho e da sua violação ou cessação, cujo prazo só se inicia decorrido um ano a partir do dia seguinte àquele em que cessou o contrato de trabalho (art.º 381º do CT de 2003); regras de proteção do trabalhador quando este seja alvo de execuções judiciais, tendo créditos laborais vencidos e não pagos (arts. 310º a 315º do RCT de 2004).

Quanto à natureza dos créditos laborais, no atual CIRE, e demais modos de tutela daqueles no Código do Trabalho vigente, são matérias que desenvolveremos *infra*, ao longo da dissertação.

Com a entrada da chamada "Troika", em Portugal, por força da enorme crise económica e financeira que o país atravessava, foi aprovado, em Conselho de Ministros, o "Programa Revitalizar"[39], no âmbito do qual se destacavam as seguintes medidas: revisão do CIRE, aprovação do Sistema de Recuperação de Empresas por Via Extrajudicial (SIREVE) e revisão do enquadramento legal dos administradores da insolvência[40].

Assim, em 2012, com a entrada em vigor da Lei n.º 16/2012, de 20 de abril, foram várias as alterações introduzidas ao CIRE, nomeadamente a instituição do processo especial de revitalização (PER), regulado nos arts. 17º- A e ss., na altura introduzidos no Código, e a criação do SIREVE, pelo DL n.º 178/2012, de 3 de agosto. Todos estes mecanismos acabam por tentar, tanto quanto possível, a recuperação do devedor, evitando a sua liquidação.

38 O Fundo de Garantia Salarial regia-se pelos arts. 316º a 326º da Lei n.º 35/2004, de 29/07.

39 Cfr. Resolução do Conselho de Ministros n.º 11/2012, de 3 de fevereiro.

40 Catarina Serra, *O regime português da insolvência*. 5ª Ed., rev. atual.. Coimbra: Almedina, 2012. P. 24.

No que diz respeito à recuperação de empresas insolventes, as alterações foram meramente formais. O art.º 1º do CIRE passou a dar primazia ao plano de insolvência, baseado na recuperação da empresa, e o art.º 192º passou a determinar que o plano de insolvência que se destinasse a prover à recuperação do devedor se passaria a denominar plano de recuperação. Perante isto, é forçoso concluir que com a entrada em vigor da Lei n.º 16/2012, de 20 de abril, a recuperação da empresa passou a prevalecer sobre a liquidação. Porém, a finalidade do processo de insolvência mantém-se a mesma: a satisfação dos credores.

Ainda no que diz respeito ao plano de insolvência, é importante atentar no art.º 251º do CIRE, o qual refere que o plano de insolvência não é aplicável aos não empresários e aos titulares de pequenas empresas, o que, nas palavras de MENEZES LEITÃO, *«...destrói o seu caráter pretensamente universal, e o seu objetivo primordial de recuperação do devedor...»* [41].

Mais recentemente, o PER sofreu alterações com o DL n.º 79/2017, de 30 de junho, com a declaração de retificação n.º 21/2017, de 25 de agosto, e também com a Lei n.º 9/2022, de 11/01. Já o SIREVE foi revogado pelo art.º 36º, nº 1 da Lei n.º 8/2018, de 2 de março, lei esta que, por outro lado, criou o Regime Extrajudicial de Recuperação de Empresas (RERE).

O PER pode ser usado pelas empresas em situação económica difícil ou em situação de insolvência meramente iminente (art.º 17º – A, n.º 1), podendo estas também recorrer ao Regime Extrajudicial de Recuperação de Empresas.

[41] MENEZES LEITÃO, *Código da Insolvência e da Recuperação de Empresas Anotado*. 10.ª Ed.. Coimbra: Almedina, 2018. P. 58.

CAPÍTULO II
O PROCESSO DE INSOLVÊNCIA

1. A situação de insolvência

Atualmente, a situação de insolvência do devedor é a premissa do processo de insolvência e o art.º 3º do CIRE refere quais as circunstâncias em que o devedor deve estar para se considerar em situação de insolvência.

Assim, no art.º 3º, n.º 1 – semelhante ao n.º 1 do art.º 3º do CPEREF – está consagrado o modelo da liquidez ou modelo de fluxo de caixa, isto é, segundo este modelo, o devedor está em situação de insolvência se se encontra impossibilitado de cumprir as suas obrigações vencidas, portanto, se não tem liquidez, independentemente de o ativo ser superior ao passivo. Já o facto de o passivo até ser superior ao ativo é irrelevante, porque havendo a possibilidade de recurso ao crédito não existe situação de insolvência. Para além deste critério existe o modelo do balanço, consagrado no art.º 3º, n.º 2. Segundo este modelo, o devedor está em situação de insolvência quando o seu passivo é superior ao ativo, segundo as normas contabilísticas aplicáveis. Não obstante, essas regras serão excluídas quando o ativo seja superior ao passivo avaliados nos termos das regras enunciadas nas als. a) a c) do n.º 3 do art.º 3º. Este critério não é aplicado às pessoas singulares, pois estas, ao contrário das empresas, não têm contabilidade organizada[42]. Ademais, a análise do passivo em relação

[42] Cfr. acórdão do TRC [em linha], de 17 de outubro de 2006 (proc. n.º 760/06.5TBVNO.C1), relatado pelo Desembargador Garcia Calejo. [Consult. 10/12/2020]. Disponível em WWW: URL:http://www.dgsi.pt.

ao ativo, no caso das pessoas singulares, implicaria uma intromissão na sua vida privada, o que é perfeitamente evitável.

Do que deixamos referido resulta que no caso das empresas de responsabilidade limitada, é possível que a insolvência resulte da falta de liquidez para cumprir as suas obrigações vencidas ou da inferioridade do ativo em relação ao passivo. Que critério devemos aplicar?

O art.º 20º revela-nos os factos-índice da situação de insolvência prevista no art.º 3º. Sem a verificação de, pelo menos, um destes factos-índice não pode haver lugar à declaração de insolvência a pedido de outro sujeito que não seja o próprio devedor. Estes factos-índice funcionam como presunções ilidíveis da situação de insolvência, atendendo ao disposto no art.º 30.º, nº 3, do CIRE, e ao ponto 19 do Preâmbulo.

Ora, podemos concluir que, a impossibilidade de cumprimento das obrigações por falta de liquidez, prevista no n.º 1 do art.º 3º, só adquire relevância se essas mesmas obrigações, atendendo ao seu montante ou às circunstâncias do incumprimento, revelarem a impossibilidade de o devedor satisfazer pontualmente a generalidade das suas obrigações, pois não faz sentido considerar-se um devedor em situação de insolvência apenas porque não quer cumprir determinada obrigação ou porque simplesmente acha que não a deve cumprir por qualquer motivo[43] [44].

Esta conclusão resulta da conjugação dos arts. 3º e 20º. De facto, este último artigo é essencial para a concretização daquele.

Já quanto ao critério do balanço, consideramos ser um critério com bastantes defeitos, porque a maior parte das empresas em Portugal está em insolvência técnica, ou seja, o seu passivo é superior ao ativo. No entanto, não podemos afirmar que estejam em situação de insolvência, porque conseguem

[43] Maria do Rosário Epifânio, *Manual de Direito da Insolvência*. 7ª Ed.. Coimbra: Almedina, 2019. P. 27, e Carvalho Fernandes e João Labareda, *Código da Insolvência e da Recuperação de Empresas Anotado*. 3.ª Ed.. Lisboa : Quid Juris?, 2015. P. 86.

[44] O não pagamento dos salários aos trabalhadores e a existência simultânea de dívidas a outros credores consubstancia uma situação reveladora da impossibilidade de o devedor fazer face à generalidade das suas obrigações, pois é uma categoria de créditos que assume especial relevância, já que todos os dias os trabalhadores se deslocam à empresa para efetuar a sua atividade laboral – Acórdão do TRL [em linha], de 3 de março de 2020 (proc. n.º 1657/19.4T8BRR.L1), relatado pela Desembargadora Fátima Reis Silva. [Consult. 14/12/2020]. Disponível em WWW: URL:http://www.direitoemdia.pt.

satisfazer as suas obrigações, nomeadamente através do recurso ao crédito. Assim como também existem empresas portuguesas cujo ativo é superior ao passivo, mas por ser de difícil conversão em dinheiro, não conseguem fazer face às suas obrigações vencidas. Ora, significa isto que, o critério do balanço pode revelar-se um pouco enganador e, consequentemente, de pouca aplicação, uma vez que, o facto de o ativo ser superior ao passivo, ocasionalmente, é irrelevante[45].

Ainda assim, há doutrina e jurisprudência que defendem uma aplicação alternativa dos dois critérios[46].

No art.º 3º, n.º 4, por sua vez, equipara-se a situação de insolvência iminente à de insolvência atual para efeitos de apresentação do devedor à insolvência. Nestes termos, só o devedor se pode apresentar à insolvência com fundamento numa situação de insolvência iminente, e já não os outros legitimados a requerer a insolvência (estes apenas a poderão requerer nas situações em que é atual), sob pena de o desfecho do pedido ser a sua improcedência[47].

Quanto aos sujeitos passivos da declaração de insolvência, estão previstos no art.º 2º do CIRE. Esta norma é uma norma aberta, o que significa que podem ser objeto do processo de insolvência quaisquer pessoas singulares ou coletivas e quaisquer outros patrimónios autónomos.

Relativamente ao tribunal competente, no que aqui nos interessa, o processo de insolvência corre os seus termos no tribunal da sede do devedor, de acordo com o art.º 7º, nº 1, do CIRE.

[45] Acórdão do TRC [em linha], de 28 de janeiro de 2014 (proc. nº 419/13.7TBPBL-A.C1), relatado pelo Desembargador Jacinto Meca. [Consult. 23/09/2019]. Disponível em WWW: URL:http://www.dgsi.pt

[46] Maria do Rosário Epifânio fundamenta o seu entendimento num argumento literal, por força da expressão usada no art.º 3º, n.º 2 «*...são também considerados insolventes...*», bem como na *ratio legis* da norma, que parece, segundo a Autora, ter sido a de tutelar os interesses dos credores – Maria do Rosário Epifânio, *Manual de Direito da Insolvência*. 7.ª Ed.. Coimbra: Almedina, 2019. P. 30. Cfr. igualmente, Menezes Leitão, Pressupostos da Declaração de Insolvência. In Catarina Serra (coord.), *I Congresso de Direito da Insolvência*. Coimbra: Almedina, 2013. P. 177; acórdão do TRG [em linha], de 24 de maio de 2018 (proc. n.º 9056/15.0T8VNF-E.G1), relatado pelo Desembargador João Diogo Rodrigues. [Consult. 14/12/2020]. Disponível em WWW: URL:http://www.direitoemdia.pt.

[47] Acórdão do TRL [em linha], de 3 de março de 2020 (proc. n.º 1657/19.4T8BRR.L1), relatado pela Desembargadora Fátima Reis Silva. [Consult. 15/12/2020]. Disponível em WWW: URL:http://www.direitoemdia.pt.

2. A declaração judicial de insolvência e o destino da empresa

O devedor tem o dever de se apresentar à insolvência dentro dos trinta dias seguintes à data do conhecimento da sua situação de insolvência, nos termos do art.º 18º, n.º 1. Excetuam-se deste dever as empresas que se tenham apresentado a processo especial de revitalização, nos termos da alínea a) do n.º 2 do art.º 18º, assim como as pessoas singulares devedoras que não sejam titulares de uma empresa (art.º 18º, n.º 2). Neste último caso, juntamente com a petição inicial, o devedor poderá apresentar um plano de pagamentos aos credores (art.º 251º). Se o juiz o considerar viável suspende a insolvência, notifica os credores, e se nenhum tiver recusado o plano ou se a aprovação for suprida, é aceite o plano de pagamentos (art.º 257º). No caso de o juiz considerar altamente improvável a aceitação do plano de pagamentos ou a este se tenham oposto todos os credores, prossegue-se para o processo de insolvência (art.º 255º).

O art.º 18º, n.º 3, estabelece que se presume, de forma inilidível, que o devedor titular de uma empresa conhecia a sua situação de insolvência decorridos pelo menos três meses sobre o incumprimento generalizado de alguma das obrigações referidas na alínea g) do n.º 1 do art.º 20º.

Nestes casos em que assiste ao devedor um dever de apresentação à insolvência, nos termos do n.º 1 do art.º 18º, e este não o cumpre, presume-se a existência de culpa grave do devedor e, consequentemente, poderá a insolvência vir a ser considerada culposa, com as consequências previstas no art.º 189º, bem como poderá vir o devedor a incorrer no crime de insolvência negligente, previsto e punido pelo art.º 228º do Código Penal. Além disso, o incumprimento da obrigação de apresentação à insolvência é fundamento da responsabilidade civil extracontratual, nos termos do art.º 483º, n.º 1 do CC, levando a que o devedor e os seus administradores ou gerentes sejam solidariamente responsáveis pelos danos provocados aos credores[48].

Além do próprio devedor, existem outros sujeitos com legitimidade para requerer a declaração de insolvência, nomeadamente os credores e o

[48] Menezes Leitão, Pressupostos da Declaração de Insolvência. In Catarina Serra (coord.), *I Congresso de Direito da Insolvência*. Coimbra: Almedina, 2013. P. 179.

Ministério Público, desde que verificados, obrigatoriamente, algum dos factos previstos nas alíneas do n.º 1 do art.º 20º.

A apresentação à insolvência pelo devedor bem como o pedido de declaração de insolvência por outros legitimados depende sempre de uma petição escrita, cujo conteúdo vem previsto no art.º 23º.

A apresentação à insolvência pelo devedor, no âmbito do n.º 1 do art.º 18º, isto é, nos casos em que ela é obrigatória, pode ser indeferida liminarmente, pode o juiz convidar ao aperfeiçoamento ou declarar imediatamente a insolvência (arts. 27º, n.º 1, e 28º). Segue-se a notificação/citação da sentença (art.º 37º), podendo ser deduzidos embargos (art.º 40º) ou recurso da mesma (art.º 42º). Nos casos em que o juiz verifique a insuficiência da massa insolvente, que se presume nos casos em que o património do devedor é inferior a 5.000,00 €, nos termos do art.º 39º, faz disso menção na sentença, dando cumprimento apenas às als. a) a d) e h) do n.º 1 do art.º 36º. Face a isto, qualquer interessado poderá requerer o complemento da sentença no prazo de cinco dias, atento o disposto no n.º 2 do art.º 39º.

Quando, nos termos do art.º 20º, a declaração de insolvência seja requerida por outro legitimado, como é o caso do Ministério Público ou dos credores, a petição inicial está sujeita a despacho liminar. Significa isto que, o juiz poderá indeferir liminarmente o pedido, quando seja manifestamente improcedente ou ocorram exceções dilatórias, ou concede ao requerente um prazo para corrigir os vícios (art.º 27º, n.º 1, als. a) e b)). Quando o processo haja de prosseguir, cita-se o devedor, nos termos do art.º 29º, para que este, querendo, deduza oposição (art.º 30º).

À oposição do devedor segue-se a audiência de discussão e julgamento, prevista no art.º 35º, e, por fim, a sentença[49], constante do art.º 36º, através

[49] Segundo Catarina Serra, a sentença de declaração de insolvência prevê dois efeitos: declara a insolvência e, além disso, tem um efeito constitutivo, o de modificar o estado jurídico do devedor, já que a sentença vai produzir uma série de efeitos pessoais, mas também patrimoniais, designadamente a privação dos poderes de administração e disposição dos bens integrantes da massa insolvente (art.º 81º, n.º 1 do CIRE); a inelegibilidade para os órgãos das autarquias locais (art.º 6º, n.º 2, al. a) da Lei Orgânica n.º 1/2001, de 14 de agosto); quando a insolvência é considerada culposa, a restrição de acesso do insolvente às salas de jogos de fortuna ou azar (art.º 36º, n.º 2, al. b) DL n.º 422/89, de 02 de dezembro); a restrição ao direito de inscrição na Ordem dos Advogados quando haja condenação em crime de insolvência dolosa (art.º 188º, n.º 1, al. a), n.º 3 e art.º 177º, n.º 2 do Estatuto da Ordem dos Advogados) ou

da qual o juiz dá cumprimento aos atos contantes das alíneas do n.º 1 do art.º 36º. Nas situações em que se revele a insuficiência da massa insolvente, como referimos *supra*, a sentença é mais limitada, pois apenas se dá cumprimento ao disposto nas als. a) a d) e h) do n.º 1 do art.º 36º, no entanto é sempre possível a qualquer interessado requerer o complemento da mesma. Convém ainda alertar para o facto de que, em alternativa à contestação, nos casos em que a declaração de insolvência foi requerida por terceiro, poder o devedor, pessoa singular, apresentar um plano de pagamentos (art.º 253º). Nestes casos em que o devedor é pessoalmente citado, a sentença é passível de recurso (art.º 42º).

Pode acontecer também que seja dispensada a citação do devedor (art.º 12º), seguindo-se para audiência de discussão e julgamento (art.º 35º) e depois para sentença (art.º 36º). Posteriormente, há lugar à notificação da sentença e citação dos credores para os ulteriores trâmites do processo, podendo ser deduzidos embargos pelas pessoas elencadas no n.º 1 do art.º 40º e/ou recurso (art.º 42º).

Por fim, o juiz, oficiosamente ou a pedido do requerente, pode decretar alguma medida cautelar, por exemplo, a nomeação de um administrador judicial provisório ou o arresto de bens, mesmo antes da citação do devedor, quando a urgência da situação o justifique e para que a medida não perca o seu efeito útil (art.º 31º).

Depois de declarada a insolvência segue-se a questão de saber qual o destino a dar à empresa, decisão essa que, como já se deixou enunciado *supra*, com a entrada em vigor do novo CIRE, em 2004, foi deixada nas mãos dos credores.

2.1. A manutenção da empresa

A decisão de manutenção da empresa pode resultar da assembleia de credores de apreciação do relatório elaborado pelo administrador da insolvência, no qual indica as perspetivas de manutenção da empresa do devedor (art.º 155º, n.º 1, al. c) e art.º 156º, n.º 2), ou poderá ser fruto da possível aprovação de

quando haja lugar a condenação em insolvência culposa (art.º 188º, n.º 1, al. c) do Estatuto da Ordem dos Advogados e art.º 189º, n.º 2, al. b) do CIRE), entre outros. – CATARINA SERRA, *A Falência no Quadro da Tutela Jurisdicional dos Direitos de Crédito*. Coimbra: Coimbra Editora, 2009. Pp. 280-282 e 351.

um plano de insolvência, que preveja a manutenção da laboração da empresa na titularidade do devedor ou de terceiro, se tal se revelar conveniente na ótica do administrador da insolvência (art.º 155º, n.º 1, al. c), art.º 195º, n.º 2 e art.º 202º, n.º 1).

No caso de a empresa se manter em funcionamento, quem a gere, em princípio, é o administrador da insolvência, pois este, depois de nomeado, está encarregue de gerir a massa insolvente, nos termos do art.º 55º, n.º 1, al. b) e art.º 81º. Porém, a gestão da empresa poderá ficar a cargo do próprio devedor, distinguindo-se aqui duas situações: por um lado, o juiz pode determinar essa mesma gestão, quando verificados, cumulativamente, os requisitos contemplados nas als. do n.º 2, do art.º 224º; por outro lado, a administração da empresa pode ser atribuída ao devedor, se este assim o tiver requerido, e os credores o deliberarem na assembleia de apreciação do relatório ou em outra que a anteceda, nos termos do estatuído no n.º 3 do art.º 224º[50].

Nos casos em que a manutenção da empresa resulta de uma medida inserida no plano de insolvência pode ficar a administrá-la o devedor ou um terceiro (art.º 195º, n.º 2, al. d), sendo que neste último caso teremos uma transmissão da empresa[51].

2.2. O encerramento da empresa

O encerramento da empresa pode resultar da assembleia de apreciação do relatório elaborado pelo administrador da insolvência (art.º 156º, nº 2), mas também pode ocorrer em momento anterior à assembleia, nos casos previstos no art.º 157º, designadamente na situação de encerramento antecipado[52].

[50] Esclareça-se que, em nossa opinião, ainda que a administração da empresa, compreendida na massa insolvente, caiba ao próprio devedor, o administrador da insolvência não deixa de ser responsabilizado, nos termos do art. 59º do CIRE, pelos prejuízos causados aos credores, pois sob ele impende um dever de fiscalização dos atos praticados pelo devedor (art. 226º do CIRE).

[51] Joana Costeira, *Os Efeitos da Declaração Judicial de Insolvência no Contrato de Trabalho: a tutela dos créditos laborais*. 2ª Ed.. Coimbra: Almedina, 2017. P. 31.

[52] Para que ocorra o encerramento antecipado torna-se necessário que se observem determinados requisitos: parecer favorável da comissão de credores, caso exista (art.º 157º, al. a)); se não existir comissão de credores, desde que o devedor se não oponha, ou ainda que haja oposição do devedor, o juiz autorize o encerramento antecipado com fundamento em que o adiamento da medida acarreta uma diminuição da massa insolvente (art.º 157º, al. b)).

Uma questão pertinente colocada a este propósito é a de saber se sendo o devedor o administrador da empresa integrante na massa insolvente pode proceder ao encerramento antecipado da empresa.

Carvalho Fernandes[53] entende que sim, baseando o seu entendimento em dois fundamentos: por um lado afirma que o art.º 226º delimita pela negativa os poderes de administração do devedor, pelo que todos os poderes que extravasem o enunciado no art.º 226º são próprios do devedor enquanto administrador; o segundo fundamento utilizado pelo Autor é o de que a decisão de encerramento antecipado da empresa não é somente tomada pelo devedor, estando sujeita a deliberação da comissão de credores ou do juiz, por isso mesmo, por estar dependente da vontade de terceiros, este Autor entende que é possível o devedor proceder ao encerramento antecipado da empresa. O mesmo Autor entende também que, apesar de no CIRE, na parte relativa ao plano de insolvência (arts. 192º e ss.), não vir previsto, no conteúdo do plano, a possibilidade de encerramento da empresa, deve entender-se que esta também lá pode ser inserida, uma vez que a liberdade atribuída aos credores quanto ao conteúdo do plano de insolvência resulta mesmo do n.º 9 do decreto preambular.

2.3. A transmissão da empresa

A transmissão da empresa pode resultar da deliberação da assembleia de apreciação do relatório (art.º 156º, nº 2) ou de medida inserida no plano de insolvência, sendo que este pode prever a transmissão da empresa a terceiro (art.º 195º, nº 2, al. c)) ou a constituição de uma ou mais sociedades destinadas à exploração do estabelecimento integrante na massa insolvente, mediante o respetivo pagamento (art.º 199º)[54] [55].

[53] Carvalho Fernandes, Efeitos da Declaração de Insolvência no Contrato de Trabalho segundo o CIRE. In Carvalho Fernandes e João Labareda, *Colectânea de Estudos sobre a Insolvência*. Lisboa: Quid Juris?, 2011. P. 225.

[54] Para mais considerações sobre o assunto, cfr. Joana Costeira, *Os Efeitos da Declaração Judicial de Insolvência no Contrato de Trabalho: a tutela dos créditos laborais*. 2ª Ed.. Coimbra: Almedina, 2017. P. 34.

[55] O saneamento por transmissão assemelha-se à figura do acordo de credores, já prevista no Código de Processo Civil quando era este diploma que regulava o processo de falência. A semelhança reside na constituição de uma ou mais sociedades pelos credores a fim de

Quando se pretenda proceder à liquidação, o administrador da insolvência procede imediatamente à venda dos bens apreendidos para a massa insolvente (art.º 158º), dando preferência à alienação da empresa ou dos estabelecimentos como um todo, salvo nos casos em que não haja proposta satisfatória ou exista vantagem na alienação separada de certas partes (art.º 162º).

explorar o(s) estabelecimento (s) adquiridos à massa insolvente. Carvalho Fernandes e João Labareda, *Código da Insolvência e da Recuperação de Empresas anotado.* 3ª Ed.. Lisboa: Quid Juris?, 2015. P. 733.

CAPÍTULO III
OS EFEITOS DA DECLARAÇÃO JUDICIAL DE INSOLVÊNCIA DO EMPREGADOR NO CONTRATO DE TRABALHO

1. Regime jurídico aplicável

Deparamo-nos agora com o problema de saber qual o regime legal aplicável à temática dos efeitos da declaração da insolvência sobre os contratos de trabalho.

O Título IV do CIRE é o responsável por regular os efeitos da declaração de insolvência sobre o devedor e outras pessoas, no seu capítulo I; os efeitos processuais, no seu Capítulo II; os efeitos sobre os créditos, no seu Capítulo III; os efeitos sobre os negócios em curso, no seu Capítulo IV; e a resolução dos negócios em benefício da massa insolvente, no seu capítulo V.

O que releva para o nosso estudo são os efeitos da declaração de insolvência sobre os negócios em curso, tratando o art.º 102º de questões mais gerais e os arts. 103º a 118º de certos contratos em particular.

O art.º 113º refere-se à insolvência do trabalhador, algo que aqui não trataremos.

Ora, o facto de o Código não prever uma norma para tratar o destino dos contratos de trabalho com a declaração judicial de insolvência do empregador levou a discussões doutrinárias.

Pedro Romano Martinez[56] entende que a norma aplicável a esta matéria é o art.º 111º, relativo aos contratos de prestação duradoura de serviço. Assim, para este Autor, a declaração de insolvência do empregador não faz caducar o contrato de trabalho, porém pode ser denunciado, nos termos do art.º 108º, nº 1 do CIRE, isto é, com um prazo de pré-aviso de sessenta dias (art.º 111º, n.º 1). Tal denúncia antecipada pelo administrador da insolvência implica o pagamento de uma compensação ao trabalhador, calculada nos termos do n.º 3 do art.º 108º do CIRE (art.º 111º, n.º 2).

Salvo o devido respeito, não poderíamos estar mais em desacordo com tal opinião.

Na verdade, a doutrina e a jurisprudência sempre pretenderam diferenciar o contrato de trabalho do contrato de prestação de serviços, e também o próprio CC faz essa distinção nos seus arts. 1152º e 1154º[57].

[56] Pedro Romano Martinez, *Apontamentos sobre a Cessação do Contrato de Trabalho à luz do Código de Trabalho*. Lisboa: AAFDL, 2004. P. 51.

[57] Quanto ao conteúdo da obrigação, no contrato de prestação de serviços proporciona-se ao credor certo resultado do trabalho, ao passo que no contrato de trabalho, o trabalhador compromete-se a prestar uma atividade laboral. Quanto à retribuição, no contrato de trabalho esta é um requisito essencial, enquanto no contrato de prestação de serviços a retribuição pode ou não existir. No que diz respeito ao poder diretivo, no contrato de trabalho o trabalhador está sujeito ao poder diretivo do empregador, acompanhado do poder disciplinar sancionatório, ao contrário do contrato de prestação de serviços em que apesar de se estar sujeito às instruções dadas pelo credor da prestação, estas não são acompanhadas do poder disciplinar – Acórdão do Supremo Tribunal de Justiça [em linha], de 26 de outubro de 2017 (proc. nº 1175/14.7TTLSB.L1.S1), relatado pelo Conselheiro Ferreira Pinto. [Consult. 27/10/2019]. Disponível em WWW: URL:http://www.dgsi.pt.
Apesar de todos estes critérios avançados, na prática revela-se bastante difícil a distinção dos dois tipos contratuais, pelo que o verdadeiro critério distintivo é o da subordinação jurídica – João Leal Amado, *Contrato de Trabalho: noções básicas*. 3.ª Ed.. Coimbra: Almedina, 2019. P. 60. Existindo subordinação jurídica está-se perante um contrato de trabalho, caso contrário trata-se de um contrato de prestação de serviços. Ainda assim, este critério pode não ser completamente isento de dúvidas, pois, não raras vezes, as situações de subordinação jurídica são encobertas para tudo parecer uma prestação de serviços, já que as vantagens para a classe patronal são superiores nos casos de contrato de prestação de serviços do que nos casos de contrato de trabalho, atenta a tutela jurídica fornecida pelo Código do Trabalho ao trabalhador. Para facilitar a destrinça entre contrato de trabalho e contrato de prestação de serviços existe ainda o art. 12º do Código do Trabalho, que estabelece uma presunção de laboralidade. Assim, verificados algum dos elementos nele indicados presume-se a existência de subordinação jurídica e, consequentemente, de contrato de trabalho.

Como bem salienta CARVALHO FERNANDES[58], resulta claro do próprio n.º 1 do art.º 111 que o mesmo não é aplicável aos contratos de trabalho, pois esta norma refere-se a contratos de prestação duradoura de serviços *«...no interesse do insolvente...»*, o que não é caso do contrato de trabalho no qual o interesse do trabalhador tem uma enorme relevância.

Acrescenta ainda MARIA DO ROSÁRIO PALMA RAMALHO que o art.º 111º não pode ser aplicado aos contratos de trabalho, porque viola o princípio constitucional da proibição dos despedimentos sem justa causa, previsto no art.º 53º da CRP, uma vez que, a ser aplicável, concederia a possibilidade de o administrador da insolvência denunciar livremente tais contratos[59].

Partilhamos da opinião da doutrina maioritária, segundo a qual o diploma aplicável a esta matéria é o CT, mais concretamente o seu art.º 347º, entendendo certos Autores[60] que o é por força da remissão do art.º 277º do CIRE,

[58] CARVALHO FERNANDES, Efeitos da Declaração de Insolvência no Contrato de Trabalho segundo o Código da Insolvência e Recuperação de Empresas. In *Revista de Direito e de Estudos* Sociais. Lisboa: Editorial Verbo. Ano XLV, n.ºs 1-2-3 (janeiro/setembro 2004). P. 20.

[59] MARIA DO ROSÁRIO PALMA RAMALHO, Os Trabalhadores no Processo de Insolvência. In CATARINA SERRA (coord.), *III Congresso de Direito da Insolvência*. Coimbra: Almedina, 2015. P. 385.

[60] CARVALHO FERNANDES e JOÃO LABAREDA defendem a aplicação do art. 347º do CT por remissão do art. 277º do CIRE – *Código da Insolvência e da Recuperação de Empresas Anotado*. 3.ª Ed.. Lisboa: Quid Juris?, 2015. P. 936 e CARVALHO FERNANDES, Efeitos da Declaração de Insolvência no Contrato de Trabalho segundo o CIRE. In CARVALHO FERNANDES E JOÃO LABAREDA, *Colectânea de Estudos sobre a Insolvência*. Lisboa: Quid Juris?, 2011. P. 228, bem como JOANA VASCONCELOS, Insolvência do Empregador e Contrato de Trabalho. In DIOGO LEITE DE CAMPOS (ed. lit) *Estudos em Homenagem ao Prof. Doutor Manuel Henrique Mesquita*. Vol. II, pp. 1093-1094.; MENEZES LEITÃO entende que não é aplicável o art. 111º do CIRE, mas também não o é a norma de conflitos prevista no art.º 277º do CIRE, concluindo que é aplicável o art. 347º do Código do Trabalho sem mais – *Direito da Insolvência*. 10ª Ed.. Coimbra: Almedina, 2021. P. 209; da opinião deste último Autor partilha BERNARDO DA GAMA LOBO XAVIER, *Manual de Direito do Trabalho*. 2.ª Edição revista e atualizada. Lisboa: Verbo, 2014. P. 627; MARIA DO ROSÁRIO PALMA RAMALHO entende que nem o art. 111º do CIRE nem o art. 277º do mesmo diploma legal devem ser aplicáveis, pois têm um âmbito de aplicação diferente, mas sim que a lacuna do CIRE nos remete para o art. 347º do Código do Trabalho – Aspetos Laborais da Insolvência. In RUY DE ALBUQUERQUE e ANTÓNIO MENEZES CORDEIRO (coord.), *Estudos em Memória do Professor José Dias Marques*. Coimbra: Almedina, 2007. Pp. 694-700. Na jurisprudência, no Acórdão do TRG [em linha], de 03 de maio de 2011 (proc. nº 1132/10.2TBBCL-D.G1), relatado pela Desembargadora Rosa Tching. [Consult. 31/10/2019]. Disponível em WWW: URL:http://www.dgsi.pt, também prevalece a ideia de que é aplicável o Código do Trabalho a esta questão por força da própria lacuna do CIRE e não por intermédio do art. 277º do CIRE.

outros pela lacuna em si e não por intermédio do art.º 277º, o que leva a afastar a aplicação do princípio geral consagrado no art.º 102º ao contrato de trabalho.

O art.º 277º é uma norma de conflitos, que opera nos casos de conflitos de leis pelo facto de a insolvência produzir efeitos transfronteiriços. Esta norma refere que os efeitos da declaração de insolvência sobre os contratos de trabalho e as relações laborais regem-se pela lei aplicável ao contrato de trabalho da situação em concreto, portanto somos também da opinião de que, de facto, se aplica o Código do Trabalho, mas não por remissão do art.º 277º do CIRE, pois não é esse o seu alcance.

2. O destino dos contratos de trabalho

Rege o art.º 347º, n.º 1 do CT que, em regra, a declaração judicial de insolvência do empregador não faz cessar automaticamente o contrato de trabalho[61].

MARIA DO ROSÁRIO PALMA RAMALHO introduz aqui o princípio da intangibilidade dos contratos de trabalho em vigor na empresa aquando da sua declaração judicial de insolvência, segundo o qual o facto extintivo dos contratos em vigor na empresa insolvente não é a insolvência, mas antes o encerramento definitivo da empresa[62].

[61] Esta solução é igualmente acolhida na *Ley Concursal* nos arts. 156º e 157º, para os contratos em geral, e nos arts. 169º e ss. para os contratos de trabalho em especial. O que resulta dos arts 169º ss. da *Ley Concursal* é que se à data da declaração de insolvência, o empregador tiver iniciado os procedimentos para a modificação substancial das condições de trabalho, a transferência, o despedimento, a suspensão dos contratos ou a redução do horário de trabalho, de natureza coletiva, o insolvente deverá informar o juiz da insolvência e o procedimento passará a correr perante este. Já se à data da declaração de insolvência se havia chegado a um acordo ou tivesse sido adotada uma decisão quanto à modificação substancial das condições de trabalho, à transferência, ao despedimento, à suspensão dos contratos ou à redução do horário de trabalho, de caráter coletivo, a execução de tais medidas cabe à administração da insolvência. Vale tudo isto por dizer que, a declaração de insolvência no ordenamento jurídico espanhol não acarreta a cessação automática dos contratos de trabalho.

[62] MARIA DO ROSÁRIO PALMA RAMALHO, Aspetos laborais da insolvência. In RUY DE ALBUQUERQUE e MENEZES CORDEIRO, *Estudos em Memória do Prof. Doutor José Dias Marques*. Coimbra: Almedina, 2007.

Assim, fica a cargo do administrador da insolvência, enquanto gestor da massa insolvente, nos termos do art.º 81º, n.º 1 e n.º 4, a satisfação das obrigações decorrentes deste tipo de contrato, que anteriormente pertenciam ao empregador, mas com limites, pois não poderá agravar a situação económica da empresa[63]. Poderá acontecer que essas obrigações fiquem a cargo do próprio devedor quando, nos termos dos arts. 223º e ss., a administração da empresa lhe pertença, cabendo, nestes casos, ao administrador da insolvência um poder de fiscalização (art.º 226º).

O administrador da insolvência pode ainda fazer cessar o contrato de trabalho de trabalhador que não seja indispensável ao funcionamento da empresa, nos termos do n.º 2 do art.º 347º do CT, faculdade esta que Carvalho Fernandes[64] considera também assistir ao devedor quando, verificados os pressupostos do art.º 224º, seja ele a administrar a empresa. O nº 3 do art.º 347º do CT estabelece que, nestas situações, o procedimento a adotar para a cessação dos contratos de trabalho é o do despedimento coletivo, salvo nos casos de microempresas.

Coloca-se então a questão de saber que trabalhadores se devem considerar não indispensáveis ao funcionamento da empresa.

No entendimento de Carvalho Fernandes[65], os trabalhadores não são indispensáveis ao funcionamento da empresa quando a receção da prestação de trabalho é possível por parte do empregador, mas inconveniente do ponto de vista da rentabilidade da empresa, o que justifica que não se esteja perante uma situação de caducidade do contrato de trabalho, já que não está em causa uma impossibilidade de o trabalhador prestar o seu trabalho ou de o empregador o receber, simplesmente a receção daquela prestação de trabalho não é conveniente. No mesmo sentido vai a opinião de Menezes Leitão, que considera não se estar perante uma situação de caducidade do contrato de trabalho quando o administrador da insolvência decide cessar o contrato de trabalhador não indispensável ao funcionamento da empresa, mas sim

[63] Menezes Leitão, *Direito da Insolvência*. 10ª Ed.. Coimbra: Almedina, 2021. P. 210.

[64] Carvalho Fernandes, Efeitos da Declaração de Insolvência no Contrato de Trabalho segundo o CIRE. In Carvalho Fernandes e João Labareda, *Colectânea de Estudos sobre a Insolvência*. Lisboa: Quid juris?, 2011. P. 231.

[65] *Ibidem*, p. 232.

perante uma forma particular de resolução contratual[66]. LEONOR PIZARRO MONTEIRO[67] é defensora de que se trata de uma nova forma de despedimento, admitida nos termos do art.º 340º do CT, em que o contrato cessa por iniciativa do administrador da insolvência que atua em substituição do devedor, à qual se aplica o procedimento do despedimento coletivo com as necessárias adaptações. Por sua vez, PEDRO ROMANO MARTINEZ[68] é da opinião que a dispensabilidade dos trabalhadores constitui igualmente uma situação de caducidade do contrato de trabalho.

Independentemente de toda a discussão em torno do assunto, a cessação do contrato de trabalho em caso de insolvência da empresa, seguirá os termos do despedimento coletivo, com algumas adaptações, salvo nos casos de microempresas – empresas com menos de 10 trabalhadores (art.º 100º, n.º 1, al. a) do CT).

Ainda assim, sempre se dirá que o destino dos contratos de trabalho está dependente das possibilidades de manutenção, encerramento ou transmissão da empresa.

2.1. Efeitos em caso de manutenção da empresa

A manutenção da empresa é uma possibilidade no âmbito do processo de insolvência, desde que tal se considere viável para a satisfação dos interesses dos credores.

A manutenção da empresa, no que diz respeito ao aspeto laboral, pode implicar a cessação dos contratos de trabalho de trabalhadores considerados não indispensáveis ao funcionamento da empresa, conforme o art.º 347º, n.º 2 do CT, ou pode implicar a contratação de novos trabalhadores com vista à exploração da mesma, nos termos do art.º 55º, n.º 4, do CIRE.

[66] MENEZES LEITÃO, *Direito da Insolvência*. 10ª Ed.. Coimbra: Almedina, 2021. Pp. 211 e 212.

[67] LEONOR PIZARRO MONTEIRO, *O Trabalhador e a Insolvência da Entidade Empregadora*. Coimbra: Almedina, 2016. P. 41.

[68] PEDRO ROMANO MARTINEZ, *Da Cessação do Contrato*. 3ª Ed.. Coimbra: Almedina, 2017. P. 390.

2.1.1. Cessação de contrato de trabalho de trabalhador dispensável

Quanto a esta matéria, remetemos para o que foi avançado *supra*[69], acrescentando agora algumas notas.

É pacífico na doutrina que, à cessação do contrato de trabalho de trabalhador dispensável, se aplica o regime do despedimento coletivo, salvo no caso de microempresas. Quanto a estas últimas aplica-se um regime muito mais simplificado, bastando a comunicação aos trabalhadores da cessação do seu contrato de trabalho, nos termos do art.º 346º, nº 4, do CT, respeitando sempre o prazo de pré-aviso previsto no art.º 363º, n.º 1 e n.º 2, do CT, que estabelecem prazos de 15, 30, 60 ou 75 dias, consoante a antiguidade do trabalhador, tendo este direito à compensação prevista no art.º 366º do CT.

Nos restantes casos, aplica-se o procedimento previsto para o despedimento coletivo, com as necessárias adaptações (arts. 360º e ss. do CT).

Desde logo, o art.º 360º do CT refere que o empregador deverá comunicar, por escrito, à comissão de trabalhadores ou, na sua ausência, à comissão intersindical ou às comissões sindicais da empresa, representativas dos trabalhadores, a intenção de despedimento, devendo constar de tal comunicação as informações previstas nas alíneas do n.º 2 do art.º 360º do CT. Para fundamentar os motivos para o despedimento coletivo é bastante a existência do pressuposto da insolvência e da desnecessidade dos trabalhadores, sendo essa desnecessidade o critério de seleção dos trabalhadores a despedir (art.º 360º, n.º 2, al. c), do CT).

Para Menezes Leitão, perante a situação de crise económica da empresa, não é aplicável o art.º 361º do CT, relativo às negociações entre a classe de trabalhadores e patronal, as quais podem até agravar a situação da empresa[70].

[69] Cfr. ponto 2 do presente capítulo.

[70] Menezes Leitão, *Direito da Insolvência*. 10ª Ed.. Coimbra: Almedina, 2021. P. 212. Leonor Pizarro Monteiro não partilha da mesma opinião. Para esta Autora, no caso de despedimento de trabalhador dispensável, se ainda não existir decisão acerca do destino da empresa, devem colocar-se duas hipóteses: a de encerramento da empresa e a de recuperação. Nesta última hipótese, a Autora entende que o administrador da insolvência deverá proceder à negociação, face ao panorama que lhe parecer mais previsível. Na primeira hipótese, a mesma Autora considera que, por cautela, deverá proceder-se à fase de informações e negociações face à necessidade de se conformar o Código do Trabalho ao Direito Comunitário, mais concretamente aos arts. 1º e 6º da Diretiva n.º 98/59/CE, do Concelho, de 20 de julho de

Concordamos com a solução avançada por aquele Autor, exceto no que diz respeito à cessação de contratos de trabalhadores dispensáveis ao funcionamento da empresa, pois a fase de informações e negociações visa a obtenção de um acordo com o objetivo de evitar ou reduzir os despedimentos coletivos, bem como atenuar as suas consequências, o que é compatível, quando seja previsível que a empresa se mantenha em funcionamento. Pelo contrário, se o administrador da insolvência cessa um contrato de trabalho de trabalhador que considera dispensável e se anteveja o encerramento definitivo da empresa, não subsistem razões para se lançar mão desta fase que acaba por se afigurar inútil.

Caso o despedimento se verifique, este deverá ser comunicado, por escrito, a cada trabalhador com a antecedência mínima de 15, 30, 60 ou 75 dias, de acordo com a antiguidade do trabalhador (art.º 363º do CT). Caso o período de aviso prévio não seja respeitado, o contrato cessa decorrido o período de aviso prévio em falta, devendo ser paga a retribuição correspondente a esse período (art.º 363º, n.º 4 do CT).

Segundo o art.º 364º do CT, durante o prazo de aviso prévio, o trabalhador tem direito a um crédito de horas correspondente a dois dias de trabalho por semana, sem prejuízo da retribuição, para se dedicar à procura de um novo emprego, sendo que o trabalhador pode denunciar o contrato durante o prazo de aviso prévio, a fim de, eventualmente, dar resposta a uma situação em que tenha de se apresentar rapidamente no novo emprego, mantendo o direito à compensação prescrita no art.º 366º do CT (art.º 365º do CT)[71].

Atualmente, a compensação por despedimento coletivo corresponde a 12 dias de retribuição base e diuturnidades por cada ano completo de antiguidade (art.º 366º, n.º 1 do CT), a ser determinada de acordo com o previsto no art.º 366º, n.º 2 do CT.

Devido à precária situação económica da empresa, a própria lei prevê que não é condição para a cessação do contrato de trabalho, como enuncia o art.º 383º, al. c), do CT, pagar ao trabalhador, até ao termo do prazo de aviso prévio, a compensação a que se refere o art.º 366º do CT e os créditos vencidos em virtude da cessação do contrato de trabalho (art.º 363º, n.º 5, do CT), o que

1998 – Leonor Pizarro Monteiro, *O Trabalhador e a Insolvência da Entidade Empregadora*. Coimbra: Almedina, 2016. P. 44-45

[71] João Leal Amado, *Contrato de Trabalho: noções básicas*. 3.ª Ed.. Coimbra: Almedina, 2019. P. 378.

não implica que não tenha direito aos ditos créditos, simplesmente essa falta de pagamento não implica a ilicitude do despedimento.

O art.º 366º, n.º 4 do CT estabelece a presunção que o trabalhador aceita o despedimento quando recebe do empregador a totalidade da compensação prevista no mesmo artigo, presunção essa ilidível mediante a entrega da compensação pelo trabalhador ao empregador (art.º 366º, n.º 5)[72].

2.1.2. A celebração de novos contratos de trabalho pelo administrador da insolvência

Prevê o art. 55º, nº4 do CIRE que

> *«o administrador da insolvência pode contratar a termo certo ou incerto os trabalhadores necessários à liquidação da massa insolvente ou à continuação da exploração da empresa, mas os novos contratos caducam no momento do encerramento definitivo do estabelecimento onde os trabalhadores prestam serviço, ou, salvo convenção em contrário, no da sua transmissão».*

Trata-se, como a própria norma indica, de contratos a termo certo ou incerto, o que significa que, tal como afirma Joana Vasconcelos, têm um *«horizonte temporal limitado»*[73], já que os mesmos irão caducar com o encerramento

[72] A propósito destas normas, João Leal Amado confessa não compreender a sua *ratio*, pois o trabalhador sempre receberá aquela compensação em caso de licitude do despedimento e, ainda que não seja lícito, o trabalhador receberá um montante pecuniário superior ao valor da compensação, por força dos disposto nos arts. 389º a 392º do CT. Este Autor considera que o que o legislador pretende com estas normas é obstar a que, mais tarde, o trabalhador conteste o despedimento em Tribunal, atribuindo assim a tal compensação a característica de condição suficiente para a licitude do despedimento, sanando quaisquer vícios, procedimentais ou substanciais, de que este padeça. O Autor acrescenta também ter dúvidas quanto à conformidade constitucional da norma ao impor ao trabalhador, que aceite a compensação, a privação da adequada tutela jurisdicional, já que, no seu entender, a dita compensação não transforma o despedimento numa revogação por mútuo acordo, estando mesmo em causa direitos tão fundamentais quanto o direito a não ser despedido sem justa causa, bem como o direito de acesso aos tribunais (*Contrato de Trabalho: noções básicas*. 3.ª Ed.. Coimbra: Almedina, 2019. Pp. 380-382).

[73] Joana Vasconcelos, Insolvência do Empregador e Contrato de Trabalho. In Diogo Leite Campos (ed. lit.), *Estudos em Homenagem ao Prof. Doutor Manuel Henrique Mesquita*. Coimbra: Coimbra Editora, 2009. Vol. II, p. 1104.

definitivo da empresa ou com a sua transmissão, pois não foram feitos para vigorar indefinidamente.

Estes contratos visam colmatar necessidades, tendo por finalidade a liquidação da massa insolvente ou a continuação da exploração da empresa, porque, eventualmente, os trabalhadores que já trabalhavam na empresa não são suficientes ou não têm as qualificações necessárias[74].

No que diz respeito ao regime de caducidade destes contratos, eles caducam verificando-se o termo estipulado pelas partes ou, em qualquer caso, com o encerramento definitivo do estabelecimento ou, salvo convenção em contrário, com a sua transmissão.

Deste modo, os contratos caducam, nos termos gerais do art.º 343º, al. a) do CT, com a verificação do seu termo, observando-se os trâmites previstos nos arts. 344º e 345º do CT.

Em regra, a transmissão do estabelecimento não implica a cessação dos demais contratos de trabalho. Pelo contrário, tais contratos acompanham essa mesma transmissão (art.º 285º do CT). O desvio à regra geral em relação aos contratos de trabalho celebrados pelo administrador da insolvência após a declaração de insolvência encontra justificação no facto de aqueles contratos terem sido celebrados para fazer face à situação de insolvência da empresa. Ora, com a sua transmissão, a empresa escapa à massa insolvente, pelo que a manutenção daqueles contratos, celebrados com um objetivo específico, deixam de fazer sentido[75].

A celebração deste contrato a termo está sujeita à existência de uma necessidade temporária da empresa, a qual está justificada no art.º 55º, n.º 4, e está sujeita aos requisitos formais elencados no art.º 141º do CT, bem

[74] Menezes Leitão defende que estes contratos celebrados pelo administrador da insolvência são enquadráveis no art.º 140º, n.º 2, al. g) e n.º 3 do CT – *Direito da Insolvência*. 10ª Ed.. Coimbra: Almedina, 2021. P. 213. Por sua vez, Carvalho Fernandes considera estar em causa uma nova modalidade de contratos de trabalho a termo, a qual se irá adicionar às previstas nos art.º 140º, n.os 2 e 3 do CT – Carvalho Fernandes, Efeitos da Declaração de Insolvência no Contrato de Trabalho segundo o Código da Insolvência e da Recuperação de Empresas. *Revista de Direito e de Estudos Sociais*. Lisboa: Editorial Verbo. Ano XLV, n.os 1, 2, 3 (janeiro/setembro 2004). P. 35.

[75] Maria do Rosário Palma Ramalho, Aspetos Laborais da Insolvência. Notas breves sobre as implicações laborais no regime do Código da Insolvência e Recuperação de Empresas. In Ruy de Albuquerque e Menezes Cordeiro (coord.), *Estudos em Homenagem ao Professor Doutor José Dias Marques*. Coimbra: Almedina, 2007. P. 702.

como às regras de duração e renovação, previstas nos arts. 148º e 149º do CT, no caso de contratos de trabalho a termo certo, sendo que a inobservância de tais requisitos e regras leva a que o mesmo seja considerado sem termo (art.º 147º do CT)[76].

2.2. Efeitos em caso de encerramento da empresa

De acordo com o que já vem sendo dito, o encerramento da empresa, decorrente do processo de insolvência, é uma causa de caducidade dos contratos de trabalho, em virtude de uma impossibilidade superveniente de o empregador receber a prestação de trabalho, mas também de o trabalhador a prestar (art.º 343º, al. b), do CT), o que é confirmado pelo art.º 346º, n.º 2 do CT.

Neste particular, Maria do Rosário Palma Ramalho defende que, ainda que o processo de insolvência culmine num plano de recuperação no qual se preveja a manutenção em funcionamento da empresa, ainda que com o encerramento de algum ou alguns dos seus estabelecimentos, deve ser possível dar um fim aos contratos de trabalho a eles afetos através do instituto da caducidade, já que o entendimento contrário levaria à frustração do objetivo final da recuperação da empresa[77]. A mesma Autora não descura a possibilidade de o administrador da insolvência cessar os contratos através do instituto do despedimento coletivo. Porém, este é um método bem mais burocrático e terá de ser invocado algum dos fundamentos previstos para a aplicação daquela modalidade de despedimento, o que se afigura inútil, uma vez que, no quadro de uma insolvência, o fundamento é, desde logo, o encerramento do estabelecimento[78].

Bernardo da Gama Lobo Xavier[79] entende que, em caso de encerramento definitivo da empresa, a única impossibilidade que se verifica é no plano das obrigações do trabalhador e não do patrão, sob pena de caso contrário tal

[76] Leonor Pizarro Monteiro, *O Trabalhador e a Insolvência da Entidade Empregadora*. Coimbra: Almedina, 2016. P. 57.

[77] Maria do Rosário Palma Ramalho, Os Trabalhadores no Processo de Insolvência. In Catarina Serra (coord.), *III Congresso de Direito da Insolvência*. Coimbra: Almedina, 2015. P. 389.

[78] *Ibidem*. P. 390.

[79] Bernardo da Gama Lobo Xavier, *A Repercussão do Encerramento Definitivo do Estabelecimento nos Contratos de Trabalho*. Coimbra: [s.n.], 1975. Pp. 4 – 6.

circunstância ter repercussões na obrigação de pagamento da retribuição. Para aquele Autor, o encerramento do estabelecimento implica a impossibilidade de os trabalhadores realizarem a sua prestação de trabalho, mas já não a de o empregador pagar a retribuição.

Ora, como acima deixámos enunciado, consideramos que, *in casu,* a caducidade do contrato de trabalho se verifica quer pela impossibilidade de o trabalhador prestar o seu trabalho, já que a empresa deixa de existir, e, portanto, existe uma impossibilidade objetiva do cumprimento, nos termos do nº1 do art.º 790º do CC, o que determina a extinção da obrigação, mas também pela impossibilidade de o empregador receber tal prestação de trabalho, por facto que não lhe é imputável, sem que isso o exonere das suas obrigações de pagamento de retribuição e consequentes indemnizações, se for o caso, sem que a mais esteja obrigado.

O encerramento definitivo da empresa determina então, automaticamente, a cessação das relações laborais.

Assim, à luz do art.º 347º, nº 1, *in fine* do CT, o encerramento definitivo do estabelecimento (aqui equiparado ao conceito de empresa previsto no art.º 346º, n.º 3 do CT[80]) acarreta a cessação do vínculo laboral, que deverá seguir o procedimento previsto para o despedimento coletivo, nos termos do art.º 347º, n.º 3 do CT, com exceção das microempresas. Não sendo cumprido tal procedimento, embora com as adaptações necessárias à situação concreta, estamos perante um despedimento ilícito[81].

A tramitação do despedimento coletivo, nas situações de encerramento definitivo da empresa, sofre ligeiras modificações em relação ao procedimento do despedimento coletivo nas situações previstas no art.º 347º, n.º 2, do CT.

Joana Costeira[82] defende que tais modificações são aceitáveis e compreensíveis, porquanto o encerramento da empresa não se deve a uma opção do empregador, mas sim a uma decisão que não depende da sua vontade, o

[80] Maria do Rosário Palma Ramalho, Os Trabalhadores no Processo de Insolvência. In Catarina Serra (coord.), *III Congresso de Direito da Insolvência.* Coimbra: Almedina, 2015. P. 389.

[81] Acórdão do Tribunal da Relação do Porto [em linha], de 01 de fevereiro de 2010 (proc. nº 1/08.0TJVNF-AY.S1.P1), relatado pelo Desembargador Soares de Oliveira. [Consult. 01/11/2019]. Disponível em WWW: URL:http://www.dgsi.pt.

[82] Joana Costeira, *Os Efeitos da Declaração Judicial de Insolvência no Contrato de Trabalho: a tutela dos créditos laborais.* 2ª Ed.. Coimbra: Almedina, 2017. P. 62.

que só por si fundamenta a não aplicação de forma integral do formalismo previsto para o despedimento coletivo.

Carvalho Fernandes[83], por sua vez, aponta duas razões para essas alterações: por um lado, a maior conexão existente entre o encerramento definitivo da empresa e a insolvência do empregador; por outro lado, o facto de o encerramento ser decretado por entidades às quais o CIRE atribui competência para tal. Na ótica daquele Autor, o primeiro desvio a assinalar é, desde logo, o da fundamentação do despedimento, que deve constar na comunicação prevista no art.º 360º, n.º 2, al. a) do CT. Essa fundamentação não necessita de ser exaustiva, bastando a invocação da situação de insolvência ou da deliberação da assembleia de credores de apreciação do relatório que determina o encerramento definitivo da empresa. Entende ainda aquele Autor que também não se justifica constar da comunicação dirigida aos trabalhadores os critérios de seleção dos trabalhadores a despedir, como indica a al. c) do n.º 2 do art.º 360º do CT, porquanto, nesta situação, o despedimento abrange todos os trabalhadores. Quanto à compensação prevista na al. f) do n.º 2 do art.º 360º do CT, esta não acrescerá à compensação já prevista no art.º 366º do CT, visto que o administrador da insolvência não deverá agravar a situação económica da empresa. Por fim, avança o Autor que a fase de informações e negociações entre classe patronal e trabalhadores, prevista no art.º 361º do CT, não se coaduna com a situação de insolvência da empresa, pelo que será excluída do procedimento de despedimento coletivo por ser suscetível de gerar encargos para o património insolvente, o que nos leva a concordar com tal exclusão nesta situação em concreto. A verdade é que, não ocorrendo a continuação da laboração da empresa, não faz sentido que esta fase de informações e negociações ocorra, pois, visando um acordo sobre a dimensão e efeitos das medidas a aplicar, bem como de outras medidas previstas nas diferentes alíneas do n.º 1 do art.º 361º do CT com o objetivo de reduzir o número de trabalhadores a despedir, pressupõe a continuidade da empresa, o que não se verificará.

[83] Carvalho Fernandes, Efeitos da Declaração de Insolvência no Contrato de Trabalho segundo o CIRE. In Carvalho Fernandes e João Labareda, *Colectânea de Estudos sobre a Insolvência*. Lisboa: Quid Juris?, 2011. Pp. 236 e 237.

Tal como no despedimento coletivo ocorrido nas situações previstas no art.º 347º, n.º 2, do CT, no caso de cessação do contrato de trabalho, por força do encerramento definitivo da empresa, o trabalhador tem também direito a uma compensação[84], e o seu não pagamento, assim como o dos créditos vencidos e dos exigíveis por efeito da cessação do contrato de trabalho até ao termo do prazo de pré-aviso, não implica a ilicitude do despedimento (art.º 363º, n.º 5, do CT), o que não significa que os trabalhadores não tenham direito a tais créditos.

2.3. Efeitos em caso de transmissão da empresa

A transmissão da empresa pode resultar da sua alienação (art.º 162º), de uma medida de transmissão da empresa a terceiro contida no plano de insolvência (art.º 195º, n.º 2, al. c) ou do saneamento por transmissão – transmissão do estabelecimento a uma ou mais novas sociedades constituídas para a sua exploração (art.º 199º).

O regime da transmissão da empresa vem previsto no art.º 285º do CT, e é aplicável quer a transmissão da empresa ocorra por determinação do administrador da insolvência, quer seja resultado de uma medida contida no plano de insolvência aprovado[85].

Segundo este regime, em caso de transmissão da empresa, o contrato de trabalho acompanha essa transmissão, com todos os direitos já adquiridos (antiguidade, retribuição, categoria profissional, conteúdo funcional e benefícios sociais adquiridos), pelo que o adquirente passa a assumir a posição de empregador relativamente aos contratos de trabalho de trabalhadores que já prestavam serviço (art.º 285º, n.º 1 e n.º 3 do CT).

Nos termos do art.º 285º, n.º 6, do CT, o transmitente é solidariamente responsável, durante os dois anos subsequentes à transmissão, pelos créditos dos trabalhadores emergentes dos contratos de trabalho, da sua violação ou cessação, bem como pelos encargos sociais respetivos.

A transmissão só pode realizar-se depois de decorridos sete dias úteis após o termo do prazo para a designação da comissão representativa de

[84] Joana Costeira, *Os Efeitos da Declaração Judicial de Insolvência no Contrato de Trabalho: a tutela dos créditos laborais*. 2ª Ed.. Coimbra: Almedina, 2017. Pp. 59 e 60.

[85] Menezes Leitão, *Direito da Insolvência*. 10ª Ed.. Coimbra: Almedina, 2021. Pp. 216 e 217.

trabalhadores ou após o acordo ou o termo da consulta dos representantes dos trabalhadores (art.º 285º, n.º 7, do CT).

O transmitente deve informar da transmissão o serviço com competência inspetiva na área laboral, nomeadamente dos aspetos previstos nas alíneas do n.º 8 do art.º 285º, do CT, no caso de média ou grande empresa e, a pedido do respetivo serviço com competência inspetiva, no caso de micro ou pequena empresa (art.º 285º, n.º 9 do CT).

Esta transmissão deve implicar uma fase de informação e consulta dos trabalhadores e de representantes dos trabalhadores, nos termos do art.º 286º, do CT.

O trabalhador pode opor-se à transmissão da posição do empregador no seu contrato de trabalho, nos termos do art.º 286º – A do CT, mas esta possibilidade restringe-se à mudança de entidade empregadora e não à própria transmissão, ou seja, é uma oposição que tem por fundamento factos relacionados com o novo empregador, por o trabalhador entender que aquela transmissão da posição do empregador possa causar prejuízo sério. A oposição do trabalhador obsta a que a transmissão opere em relação ao seu contrato de trabalho, mantendo-se o vínculo ao transmitente, segundo o art.º 286º – A, n.º 2 do CT.

Se a empresa ou estabelecimento mantiverem com a transmissão a sua autonomia, o estatuto e a função dos representantes dos trabalhadores não se alteram. Se a empresa ou estabelecimento for incorporada na empresa do adquirente, e nesta não exista uma estrutura representativa dos trabalhadores, a existente na unidade incorporada continua em funções por um período de dois meses após a transmissão ou até que a nova estrutura entretanto eleita inicie as suas funções, ou por mais dois meses se a eleição for anulada (art.º 287º, n.º 1 e n.º 2, do CT).

No entanto, Carvalho Fernandes[86] tem defendido uma certa restrição de aplicação deste regime. Desde logo, o Autor considera não ter aplicabilidade às situações de transmissão da empresa em processo de insolvência o regime previsto no art.º 286º do CT, por se tratar de uma venda forçada, já que não

[86] Carvalho Fernandes, Efeitos da Declaração de Insolvência no Contrato de Trabalho segundo o CIRE. In Carvalho Fernandes e João Labareda, *Colectânea de Estudos sobre a Insolvência*. Lisboa: Quid Juris?, 2011. Pp. 238-241.

depende da vontade do titular do estabelecimento. Ainda que tal alienação esteja prevista num plano de insolvência, seja a um terceiro seja a novas sociedades, entende este Autor, que as negociações ocorrem num ambiente bem diferente daquele que possa justificar a aplicabilidade do art.º 286º do CT.

O mesmo Autor acrescenta o facto de a modalidade de transmissão, em sede de liquidação da massa insolvente, ser escolhida pelo administrador da insolvência entre as admitidas em processo executivo ou outras que considere convenientes, sendo que é apenas nas situações de venda direta e venda por negociação particular que o adquirente é conhecido em tempo útil, a fim de ter alguma viabilidade prática o disposto no art.º 286º do Código do Trabalho, revelando-se impossível nas restantes modalidades, como é o caso da venda mediante propostas em carta fechada, que admite ser a opção do administrador da insolvência.

Relativamente às informações previstas nos n.os 1 e 2 do art.º 286º do CT, admite o Autor que, tais deveres, quando muito, deverão estar a cargo do administrador da insolvência.

Quanto à responsabilidade solidária do transmitente pelos créditos dos trabalhadores vencidos até à data da transmissão, é da opinião daquele Autor não ter aplicabilidade o art.º 285º, n.º 6, do CT, pois considera que as obrigações para com os trabalhadores até à transmissão podem ter-se vencido antes da declaração de insolvência ou na pendência do processo, sendo que no primeiro caso estamos perante créditos sobre a insolvência, que devem ser reclamados no próprio processo a fim de serem pagos segundo o regime previsto nos arts. 173º a 175º do CIRE, com o produto obtido pela liquidação da massa insolvente; no segundo caso, estamos perante créditos sobre a massa insolvente cujo pagamento incumbe à massa insolvente e são pagos com precipuidade (art.º 51º, n.º 1, al. c) e art.º 172º, ambos do CIRE). Quer-se com isto dizer que estes créditos vencidos até à data da transmissão têm regimes próprios de pagamento.

Além disso, o mesmo Autor defende que o destino da pessoa coletiva insolvente é normalmente a extinção, pelo que, mais uma vez, a aplicação de tal disposição legal não faria sentido.

Por sua vez, MENEZES LEITÃO não concorda com a posição do Autor *supra* mencionado, argumentando que os deveres de informação e consulta dos representantes dos trabalhadores têm aplicação mesmo quando se trate de transmissão ocorrida em processo de insolvência, sendo o administrador da insolvência a cumprir os deveres incumbidos ao transmitente, nos termos do art.º 81º, n.os 1 e 4 do CIRE[87].

Quanto à aplicação da responsabilidade solidária do transmitente, prevista no n.º 6 do art.º 285º do CT, o Autor entende ser aplicável tal disposição legal, não tendo, em sua opinião, acolhimento os argumentos avançados por Carvalho Fernandes. Refere aquele Autor que invocar a extinção da pessoa coletiva decorrente do processo insolvência não justifica por si só o afastamento do n.º 6 do art.º 285º do CT, dado que tal efeito apenas se verifica no final do processo de insolvência. Admite ainda o Autor que, os trabalhadores, enquanto credores, terão tendência para reclamar os seus créditos sobre a insolvência ao adquirente da empresa, por se afigurar mais solvente. No entanto, no caso de o adquirente não satisfazer tais créditos, a responsabilidade do transmitente não se encontra excluída[88].

A nossa ver, os fundamentos avançados por Carvalho Fernandes são suficientemente sólidos para justificar o afastamento da aplicação do regime previsto nos art.º 285º, n.º 6 do CT aos casos de transmissão da empresa ou estabelecimento no processo de insolvência. Assim, consideramos que também o adquirente nada tem que ver com as obrigações vencidas antes da transmissão, não havendo por isso responsabilidade solidária do transmitente e adquirente pelas obrigações vencidas à data da transmissão, durante os dois anos subsequentes a esta. Os créditos vencidos antes da transmissão têm regimes próprios de pagamento, conforme ficou referido, pelo que apenas a massa insolvente será responsável por esse mesmo pagamento.

Já quanto ao facto de os trabalhadores abrangidos pela transmissão da empresa terem direito à informação e consulta dos motivos da transmissão e suas consequências, concordamos com a existência de tal direito, até para que os trabalhadores possam tomar uma decisão esclarecida quanto ao exercício ou não do seu direito de oposição[89].

87 Menezes Leitão, *Direito da Insolvência*. 10ª Ed.. Coimbra: Almedina, 2021. P. 217.

88 Menezes Leitão, *Direito da Insolvência*. 10ª Ed.. Coimbra: Almedina, 2021. Pp. 217 e 218.

89 Leonor Pizarro Monteiro, *O Trabalhador e a Insolvência da Entidade Empregadora*. Coimbra: Almedina, 2016. P. 98.

3. A participação dos trabalhadores no processo de insolvência

Uma vez que o elemento central da presente dissertação são os trabalhadores e os seus direitos, afigura-se de todo conveniente analisar o modo como aqueles participam no processo de insolvência da sua entidade patronal.

De facto, a participação dos trabalhadores no processo de insolvência é crucial, em primeiro lugar, porque, na grande maioria dos casos de insolvência de empresas, assumem a posição de credores e, em segundo lugar, porque a declaração de insolvência da empresa, embora não leve automaticamente à extinção desta, será mais tarde esse o seu destino ou, eventualmente, a recuperação. Em qualquer dos casos, os trabalhadores, face ao vínculo existente entre si e a insolvente, deverão sempre intervir no dito processo.

Quanto ao modo de participação dos trabalhadores, o CIRE prevê nos seus arts. 66º, n. 3, 72º, n.º 6, 75º, n.º 3, entre outros, que seja feita através da comissão de trabalhadores, sendo que, na falta desta, a intervenção é feita diretamente pelos próprios trabalhadores.

A importância da comissão de trabalhadores no processo de insolvência é revelada no art.º 54º, n.º 1 e n.º 5, al. c) da CRP e no art.º 429º, n.º 1 do CT.

Contudo, para MARIA DO ROSÁRIO PALMA RAMALHO esta solução é pouco eficaz para assegurar a defesa dos interesses dos trabalhadores no processo de insolvência, porque a comissão de trabalhadores tem pouco peso, uma vez que exerce funções essencialmente consultivas, além de que, avança a Autora, havendo lugar à recuperação da empresa esta passa, muitas vezes, pela alteração das condições de trabalho, sendo que o processo de negociação é realizado entre o empregador e a associação sindical, conforme impõe o art.º 56º, n.º 3 da CRP[90]. Porém, a associação sindical poderá delegar funções de contratação coletiva na comissão de trabalhadores, em relação aos associados do sindicato, mas para tal é necessário que a empresa tenha pelo menos 150 trabalhadores (art.º 491º, n.º 3 do CT).

[90] MARIA DO ROSÁRIO PALMA RAMALHO, Aspetos Laborais da Insolvência. Notas breves sobre as implicações laborais do regime do Código da Insolvência e da Recuperação de Empresas. *Questões Laborais*. Coimbra: Coimbra Editora. Ano XII, n.º 26 (2005), p. 150.

Aquela Autora sustenta, então, que seria preferível atribuir competências às associações sindicais para intervir no processo de insolvência e permitir-se a constituição de um comité *ad hoc* de trabalhadores com o objetivo de os representar no processo de insolvência, na ausência de comissão de trabalhadores[91].

No ordenamento jurídico espanhol, a *Ley Concursal*, no seu art.º 177º, exige, para que opere a alteração das condições de trabalho, o acordo da maioria dos representantes legais dos trabalhadores ou dos membros da comissão de trabalhadores, desde que, em ambos os casos, representem a maioria dos trabalhadores da empresa, abrangendo-se assim quer os sindicatos, quer as comissões de trabalhadores, o que, de certo, modo flexibiliza toda esta operação e permite uma posição mais interventiva dos trabalhadores na recuperação da empresa.

91 *Idem*, Os Trabalhadores no Processo de Insolvência. In Catarina Serra (coord.), *III Congresso de Direito da Insolvência*. Coimbra: Almedina, 2015. P. 397.

CAPÍTULO IV
CRÉDITOS LABORAIS

1. A natureza dos créditos laborais: distinção entre créditos sobre a insolvência e créditos sobre a massa

Aqui chegados, é possível concluir que, perante uma situação de crise empresarial, muitos dos contratos de trabalho cessam, ora com o objetivo de se diminuir as despesas com trabalhadores dispensáveis ao funcionamento da empresa, ora porque a empresa encerrará definitivamente.

A cessação do contrato de trabalho não decorre automaticamente da declaração judicial de insolvência do trabalhador, podendo essa decisão resultar de deliberação da assembleia de credores (art.º 156º, n.º 2), ou ser mesmo uma decisão que parta do administrador da insolvência, quando este procede ao despedimento de trabalhador dispensável, mantendo-se a empresa em laboração, nos termos do art.º 347º, n.º 2 do CT, ou quando decide contratar novos trabalhadores, ao abrigo do art.º 55º, n.º 4, e a relação laboral cessa com o encerramento do estabelecimento ou com a transmissão da empresa.

A cessação do contrato de trabalho implica o pagamento de determinados direitos aos trabalhadores que, por vezes, o empregador já não consegue suportar, passando assim o trabalhador a ser credor.

Os créditos de que um trabalhador pode ser titular são três: créditos remuneratórios, créditos indemnizatórios e créditos compensatórios[92].

No Direito da Insolvência português, existem dois tipos de credores: os credores da insolvência e os credores da massa, que passaremos a distinguir, e nos quais enquadraremos os créditos laborais.

A distinção entre créditos sobre a insolvência e créditos sobre a massa insolvente reveste especial importância, atendendo ao regime diferenciado a que os dois tipos de créditos se encontram sujeitos.

Os créditos sobre a insolvência são, nos termos do art.º 47º, n.os 1 e 3 do CIRE, todos aqueles cujo fundamento é anterior à data da declaração de insolvência.

São créditos que carecem de ser reclamados no processo de insolvência (art.º 128º), e depois de verificados e graduados por sentença transitada em julgado serão pagos após a satisfação das dívidas da massa (art.º 172º, n.º 1 e art.º 173º), ou seja, em confronto com os créditos sobre a massa, os créditos sobre a insolvência são preteridos.

No âmbito dos créditos sobre a insolvência, o art.º 47º, n.º 4, do CIRE, distingue os créditos garantidos, os créditos privilegiados, os créditos subordinados e os créditos comuns[93].

Os créditos garantidos são créditos cujos titulares gozam de uma garantia real (consignação de rendimentos, penhor, hipoteca e direito de retenção), incluindo-se aqui os privilégios creditórios especiais; já os créditos privilegiados são créditos que gozam de privilégios creditórios gerais sobre os bens integrantes da massa insolvente.

Existem créditos garantidos e privilegiados que se extinguem com a declaração de insolvência, de acordo com o art.º 97º, designadamente os privilégios creditórios gerais e especiais acessórios de créditos do Estado, das autarquias locais e das instituições de segurança social constituídos ou vencidos mais

[92] Esta distinção é adotada por Joana Costeira, *Os Efeitos da Declaração de Insolvência no Contrato de Trabalho: a tutela dos créditos laborais*. 2.ª Ed.. Coimbra: Almedina, 2017. P. 82.

[93] A *Ley Concursal* prevê no seu art.º 269º que os créditos da insolvência se reconduzem a três: privilegiados, ordinários e subordinados. Os créditos privilegiados classificam-se, por sua vez, em créditos com privilégio especial, se afetarem bens ou direitos determinados da massa insolvente, e em créditos com privilégio geral, se afetarem a totalidade dos bens integrantes da massa. Os créditos subordinados vêm elencados no art.º 281º da Ley Concursal. Todos os restantes créditos são créditos ordinários.

de doze meses antes da data do início do processo de insolvência[94] (als. a) e b)); as hipotecas legais acessórias de créditos do Estado, das autarquias locais e das instituições de segurança social, cujo registo tenha sido requerido nos dois meses anteriores à data do início do processo de insolvência (al. c)); as garantias reais, dependentes de registo, sobre imóveis ou móveis sujeitos a registo integrantes da massa insolvente, acessórias de créditos sobre a insolvência, ainda não registadas nem objeto de pedido de registo (al. d)); por fim, as garantias reais acessórias de créditos subordinados (al. e)). Estes créditos passam a integrar a categoria de créditos comuns.

A justificação para a extinção dos privilégios creditórios previstos nas als. a) e b) prende-se com o facto de estes créditos, por vezes, representarem a maioria dos créditos, o que faz com o que a atribuição de privilégios a tais créditos implique o não pagamento dos restantes credores; a justificação para o que vem previsto na al. c) é semelhante à precedente; quanto à al. d), não se compreende a sua justificação, pois as hipotecas não se constituem sem registo; por fim, a al. e) justifica-se pela menor tutela que é concedida aos créditos subordinados[95].

A lei atribui ainda aos créditos do credor requerente da insolvência, como forma de compensação, privilégio creditório geral, graduado em último lugar, sobre todos os bens móveis que compõem a massa, relativamente a um quarto do seu montante, num máximo correspondente a 500 unidades de conta, ou seja, 51.000,00 € (art.º 98º, n.º 1).

Segundo Maria José Costeira[96], o legislador pretende incentivar a propositura de processos de insolvência, de forma a eliminar as empresas que

[94] A extinção de tais privilégios creditórios prende-se com a necessidade de estimular os credores públicos a requererem a insolvência do devedor, caso contrário os credores públicos permanecem inertes, face à natureza garantida e privilegiada dos seus créditos, o que redunda no prejuízo dos demais credores – Miguel Lucas Pires, *Dos Privilégios Creditórios: regime jurídico e sua influência no concurso de credores*. 2.ª Ed.. Coimbra: Almedina, 2015. P. 404; e ainda n.º 14 do Preâmbulo do DL n.º 53/2004, de 18 de março.

[95] Menezes Leitão, *Código da Insolvência e da Recuperação de Empresas Anotado*. 10.ª Ed.. Coimbra: Almedina, 2018. P. 169.

[96] Maria José Costeira, Classificação, Verificação e Graduação de Créditos no Código da Insolvência. In Catarina Serra (coord.), *I Congresso de Direito da Insolvência*. Coimbra: Almedina, 2013. P. 246.

não são economicamente viáveis, tratando-se aquele de um privilégio não aplicável aos créditos subordinados.

A lei concede também privilégio mobiliário geral aos credores que, no decurso de um processo de revitalização, financiem a atividade do devedor, a graduar antes do privilégio creditório mobiliário geral concedido aos trabalhadores (art.º 17º – H, n.º 2).

Os créditos subordinados estão previstos, taxativamente, no art.º 48º, salvo quando beneficiem de privilégios creditórios gerais ou especiais ou de hipotecas legais, que não se extingam com a declaração de insolvência, e são créditos graduados pela ordem em que vêm elencados na norma, depois de todos os restantes. Os titulares de créditos subordinados não têm direito de voto na assembleia de credores, salvo se em causa estiver a aprovação de um plano de insolvência. Além disso, na comissão de credores, prevista no art.º 66º, deve ser assegurada a representação das várias classes de credores, com exceção dos credores subordinados, o que significa que estes não são representados na referida comissão, pelo que nenhum credor subordinado pode ser para ela nomeado. Os créditos subordinados não podem também ser compensados com dívidas à massa (art.º 99º, n.º 4, al. d)). Havendo lugar a plano de insolvência, na ausência de estatuição expressa em sentido contrário, os créditos subordinados consideram-se objeto de perdão total (art.º 197º, al. b)).

Os créditos comuns são todos os demais créditos.

Decretada a insolvência por sentença, é fixado um prazo de 30 dias para a reclamação de créditos (art.º 36º, n.º 1), prazo esse que não se suspende em férias judicias devido ao facto de o processo de insolvência, seus incidentes, apensos e recursos serem urgentes (art.º 9º, n.º 1 do CIRE e art.º 138º, n.º 1 do CPC). Todos os credores devem reclamar os seus créditos, através de requerimento endereçado ao administrador da insolvência (art.º 128º, n.º 2 do CIRE), nesse prazo (constituindo um verdadeiro ónus), incluindo os titulares de garantias, para que a sentença de verificação e graduação de créditos os gradue quanto ao bem sobre que incide a garantia.

Os créditos suscetíveis de reclamação devem ser certos, líquidos e exigíveis. O crédito é certo se se encontra já determinado qualitativamente. Tratando-se de obrigação genérica (arts. 539º e ss. do CC) ou alternativa (arts. 543º e ss. do CC), o credor reclamante deve, antes da reclamação, determiná-los, ou, recaindo esse dever sobre o devedor, os créditos devem ser reclamados como indeterminados, podendo o credor exigir que o tribunal fixe um prazo ao administrador da insolvência para determinar o crédito, sob pena de o direito de escolha ser devolvido ao credor (art.º 548º do CC). Os créditos devem ser líquidos, isto é, determinados quantitativamente. Caso não o sejam, deve o credor lançar mão de um dos mecanismos previstos no art.º 716º do CPC e atender-se às regras previstas no art.º 96º do CIRE. Quanto aos juros dos créditos subordinados e não subordinados, estes continuam a vencer-se depois da declaração de insolvência, configurando créditos subordinados (art.º 48º, als. b) e f)). Por fim, os créditos devem ser exigíveis, ou sejam, devem encontrar-se vencidos. A este propósito, o art.º 91º, n.º 1 determina o vencimento de todas as obrigações do insolvente, com a declaração de insolvência, não determinada por uma condição suspensiva[97].

Nos 15 dias seguintes ao termo do prazo para a reclamação de créditos, o administrador da insolvência elabora uma lista dos créditos reconhecidos e não reconhecidos[98], podendo reconhecer créditos não reclamados no processo de insolvência, mas que resultem dos elementos de contabilidade do devedor ou sejam por outra forma do seu conhecimento, bem como atribuir aos créditos reclamados uma outra natureza (art.º 129º, n.º 1 e art.º 129º, n.º 4).

Nos 10 dias seguintes ao termo do prazo para o administrador de insolvência apresentar a lista de créditos reconhecidos e não reconhecidos, pode qualquer interessado[99] impugnar a lista de credores reconhecidos e não reco-

[97] Cfr. a este propósito MARIA DO ROSÁRIO EPIFÂNIO, *Manual de Direito da Insolvência*. 7.ª Ed.. Coimbra: Almedina, 2019. Pp. 268-269.

[98] Da lei resulta que apenas a lista de credores não reconhecidos tem de ser fundamentada (art.º 129º, n.º 3). Porém, no entendimento de FÁTIMA REIS SILVA, também a lista de créditos reconhecidos deverá ter uma fundamentação, porque não sendo impugnados aqueles créditos serão reconhecidos com valor de sentença, e as sentenças têm de ser fundamentadas, por isso a fundamentação dessa sentença será feita por remissão para a lista de créditos reconhecidos. A mesma Autora defende ainda que também as garantias e os privilégios terão de ser minimamente suportados nos autos a fim de serem comprovados – FÁTIMA REIS SILVA, Classificação, Verificação e Graduação de Créditos no CIRE – Os Créditos Laborais. *Prontuário de Direito do Trabalho*. Coimbra: Coimbra Editora. N.º 73 (janeiro/abril 2006), p. 106.

[99] Em relação ao que se deve entender por interessados, MARIA JOSÉ COSTEIRA esclarece que são interessados o insolvente e os credores relativamente aos respetivos créditos, bem como todos os credores em relação aos quais exista possibilidade de conflito com o titular do crédito reconhecido, sendo que a impugnação pode respeitar ao montante do crédito ou à sua natureza – MARIA JOSÉ COSTEIRA, Classificação, Verificação e Graduação de Créditos

nhecidos, com fundamento na indevida inclusão ou exclusão de créditos, na incorreção do montante ou da qualificação do crédito, podendo responder à impugnação, no prazo de 10 dias seguintes ao termo do prazo para impugnar, o administrador da insolvência e qualquer interessado que assuma a posição contrária, bem como o devedor, salvo se a impugnação se fundar na indevida inclusão de determinado crédito na lista de credores reconhecidos, na falta de indicação das condições a que se encontra sujeito ou no facto de lhe ter sido atribuído um montante excessivo ou uma quantia de grau superior à correta, casos em que só o próprio titular pode responder (arts. 130 e 131º). A falta de resposta gera a procedência da impugnação (art.º 131º, n.º 3).

Terminado o prazo das respostas às impugnações, a comissão de credores, caso exista, deve juntar aos autos o seu parecer sobre as impugnações, contudo tal parecer não é obrigatório e a sua omissão não gera qualquer consequência para o normal andamento do apenso[100].

Se não houver impugnações, é proferida sentença de verificação e graduação dos créditos em que se homologa a lista de credores reconhecidos e se graduam os créditos (art.º 130º, n.º 3).

Decorridos todos estes prazos, o juiz declara verificados, com valor de sentença, os créditos incluídos na lista e não impugnados, e pode agendar uma tentativa de conciliação, na qual devem comparecer todos os que tenham apresentado impugnações e respostas, a comissão de credores e o administrador da insolvência (art.º 136º, n.º 1).

Após a tentativa de conciliação, o processo é concluso ao juiz para os termos previstos nos arts. 595º e 596º do CPC, ou seja, para a prolação de despacho saneador e despacho de identificação do objeto do litígio e enunciação dos temas da prova.

No despacho saneador constam os créditos reconhecidos e não impugnados, os aprovados na tentativa de conciliação e aqueles que como tal possam ser considerados face aos elementos de prova juntos aos autos, declarando-os verificados e graduando-os.

no Código da Insolvência e da Recuperação de Empresas. In Catarina Serra (coord.), *I Congresso de Direito da Insolvência*. Coimbra: Almedina, 2013. P. 250.

[100] Maria José Costeira, Classificação, Verificação e Graduação de Créditos no Código da Insolvência e da Recuperação de Empresas. In Catarina Serra (coord.), *I Congresso de Direito da Insolvência*. Coimbra: Almedina, 2013. P. 247.

Encerrada a audiência, o juiz profere sentença de verificação e graduação dos créditos no prazo de 10 dias (art.º 140º, n.º 1).

Como bem refere MIGUEL LUCAS PIRES, não sendo as preferências resultantes das penhoras e das hipotecas judiciais atendidas na graduação de créditos, nos termos do art.º 140º, n.º 3, poderá esta situação configurar-se numa vantagem a favor dos privilégios gerais, que cedem perante as hipotecas (art.º 749º do CC), passando assim a prevalecer sobre estas[101].

Terminado o prazo das reclamações, é possível reconhecer ainda outros créditos, através de ação proposta contra a massa insolvente, os credores e o devedor, no prazo de seis meses a contar do trânsito em julgado da sentença de declaração da insolvência ou nos três meses subsequentes ao da sua constituição, caso seja posterior (art.º 146º, n.º 1).

Tais ações correm por apenso ao processo de insolvência e seguem os termos do processo comum (art.º 148º).

As referidas ações não podem ser usadas como mecanismo de reclamação posterior de créditos por credores não reconhecidos, por credores cujos créditos foram reconhecidos sem que os tenham reclamado, ou reconhecidos em termos diversos dos da respetiva reclamação, que tenham sido avisados pelo administrador da insolvência, por carta registada, nos termos do art.º 129º, n.º 4, os quais apenas poderão impugnar a lista apresentada pelo administrador da insolvência nos termos do art.º 130º, salvo se forem de constituição posterior (art.º 146º, n.º 2, al. a).

Depois de reclamados os créditos sobre a insolvência, de acordo com o art.º 128º, dentro do prazo fixado na sentença declaratória da insolvência, serão pagos, em primeiro lugar, os créditos garantidos, através do produto obtido com a venda do bem onerado, mas não sem antes se satisfazerem as dívidas da massa. Estas últimas são imputadas ao rendimento da massa e, quanto ao excedente, ao produto de cada bem móvel ou imóvel, sem exceder 10% do produto de bens objeto de garantias reais, nos termos do art.º 172º, n.os 1 e 2 (art.º 174º, n.º 1)[102]. A parte do crédito garantido que, eventualmente, fique por satisfazer será incluída nos créditos comuns (art.º 174º, n.º 1 *in fine*).

[101] MIGUEL LUCAS PIRES, *Dos Privilégios Creditórios: regime jurídico e sua influência no concurso de credores*. 2.ª Ed.. Coimbra: Almedina, 2015. P. 380.

[102] Resulta dos n.os 1 e 2 do art.º 172º do CIRE que a responsabilidade dos bens desonerados pelo pagamento das dívidas da massa insolvente é ilimitada, o mesmo não sucedendo com os

Seguidamente, são pagos os créditos privilegiados (art.º 175º, n.º 1) à custa dos bens não afetos a garantias reais prevalecentes, sendo que também quanto a estes créditos a preferência está limitada aos bens sobre os quais incide o privilégio, pelo que o remanescente do crédito será graduado como crédito comum (art.º 174º, n.º 1, *in fine ex vi* art.º 175º, n.º 2).

Após, são pagos os créditos comuns, sendo que quando a satisfação integral for impossível, o pagamento tem lugar na proporção do crédito (art.º 176º).

Finalmente, o pagamento dos créditos subordinados tem lugar quando integralmente pagos os créditos comuns. Os créditos subordinados são satisfeitos segundo a ordem pela qual vêm expostos no art.º 48º, na proporção dos respetivos montantes, se a massa for insuficiente para o seu pagamento integral (art.º 177º, n.º 1). Caso exista subordinação convencional, as partes podem atribuir ao crédito uma prioridade diferente da que resulta do art.º 48º (art.º 177º, n.º 2).

Há lugar, obrigatoriamente, a rateio parcial, quando cumulativamente se verifiquem as condições indicadas nas alíneas do n.º 1 do art.º 178º, devendo o administrador da insolvência apresentar o plano e o mapa de rateio[103] que entenda ser efetuado (art.º 178º, n.º 1), seguido do pagamento (art.º 183º), se for caso disso, consoante a decisão tomada pelo juiz (art.º 178º, n.º 3).

O rateio final vem previsto no art.º 182º. Assim, terminada a liquidação da massa insolvente, a distribuição pelos credores do produto obtido e o rateio final são efetuados pela secretaria do tribunal depois de o processo ser remetido à conta (art.º 182º, n.º 1).

Quando as sobras da liquidação nem sequer cubram as despesas do rateio, são entregues ao organismo responsável pela gestão financeira e patrimonial do Ministério da Justiça (art.º 182º, n.º 2).

O administrador da insolvência pode sugerir propostas de distribuição e rateio final (art.º 182º, n.º 3).

bens onerados com garantia real, os quais satisfazem dívidas da massa até 10% do montante que resultar da sua venda. Esta proteção conferida aos bens onerados com garantia real é igualmente aplicável aos privilégios creditórios especiais, atendendo à classificação dos créditos realizada pelo art.º 47º – Neste sentido, MIGUEL LUCAS PIRES, *Dos Privilégios Creditórios: regime jurídico e sua influência no concurso de credores*. 2.ª Ed.. Coimbra: Almedina, 2015. Pp. 414-415.

[103] Rateio consiste na divisão pelos credores do montante obtido com a liquidação dos bens integrantes na massa insolvente.

Se o produto obtido com a liquidação se afigurar suficiente para o pagamento da totalidade dos créditos sobre a insolvência, o remanescente é entregue ao devedor (art.º 184º, n.º 1). Não sendo o devedor uma pessoa singular, o administrador da insolvência entrega a parte do saldo às pessoas a quem pertenceria se a liquidação fosse realizada fora do processo de insolvência, ou cumpre o que estiver legal ou estatutariamente previsto (art.º 184º, n.º 2).

Ao contrário do sucedido nos créditos sobre a insolvência, o fundamento dos créditos sobre a massa insolvente surge em momento posterior à sentença de declaração de insolvência. Estão aqui em causa dívidas relativas ao próprio processo de insolvência, que se constituem no decurso do processo, melhor descritas nas alíneas do art.º 51º, n.º 1, embora tal norma não seja taxativa.

Os créditos sobre a massa insolvente não são reclamados no processo de insolvência, devendo o administrador da insolvência proceder ao seu pagamento no momento do seu vencimento, independentemente do estado em que se encontrar o processo[104]. Vencida a dívida, se o pagamento não for realizado, o credor tem o direito de o reclamar judicialmente, através da ação declarativa ou executiva competente, que corre por apenso ao processo de insolvência, conforme determina o art.º 89º, n.º 2.

Revelando-se a massa insolvente insuficiente para fazer face ao pagamento do crédito em causa, o credor pode responsabilizar o administrador da insolvência, exigindo-lhe o pagamento do crédito, desde que o direito do credor resulte de ato de administração do administrador e a insuficiência da massa tivesse sido previsível (art.º 59º, n.º 2).

Nestes termos, consideramos que, sendo a massa insolvente insuficiente para pagar os créditos laborais que sejam considerados créditos sobre a massa insolvente, é admissível a responsabilização pessoal do administrador da insolvência pelos mesmos, pois se a partir da data da declaração de insolvência

104 Se o titular de crédito sobre a massa insolvente lançar mão erradamente do apenso de reclamação de créditos previsto no art.º 128º do CIRE, e por força disso o crédito se integre na lista de credores reconhecidos, sem que seja impugnado nos termos do art.º 130º, n.º 1 do CIRE, o referido crédito acaba por se consolidar, por não se tratar de erro manifesto, não sendo suscetível de retificação em momento posterior – Acórdão do TRL [em linha], de 17 de maio de 2018 (proc. n.º 303/10.6TYLSB-B.L1-6), relatado pelo Desembargador António Santos. [Consult. 15/12/2020]. Disponível em WWW: URL:http://www.direitoemdia.pt.

os contratos de trabalho se mantêm em vigor a sua gestão passa a constituir ato de administração do administrador da insolvência.

O seu regime de pagamento é muito mais satisfatório do que o previsto para os créditos sobre a insolvência, já que aqueles são satisfeitos prioritariamente (art.º 172º, n.º 1), no momento em que se vencem, independentemente do estado do processo (art.º 172º, n.º 3).

2. Créditos remuneratórios

Os créditos remuneratórios correspondem a salários e subsídios, i. é., a prestações decorrentes da existência do contrato de trabalho e da efetiva prestação de trabalho.

Em relação a estes, consideramos ser necessário estabelecer uma divisão temporal entre aqueles que se formaram antes da declaração judicial de insolvência e aqueles que se formaram depois da declaração judicial de insolvência.

Posto isto, se aqueles créditos se constituíram antes da declaração judicial de insolvência, isto é, se são correspondentes a prestações de trabalho já realizadas, são créditos sobre a insolvência e, como tal, serão qualificados como créditos privilegiados e garantidos, uma vez que gozam de privilégios creditórios, nos termos do art.º 333º do CT, designadamente privilégio imobiliário especial, referido na al. b) do n.º 1, e privilégio mobiliário geral referido na al. a)[105].

Já se estes créditos se constituírem após a declaração judicial de insolvência, ora porque o administrador da insolvência contratou novos trabalhadores, nos termos do art.º 51º, n.º 1, als. c) e d) e art.º 55º, n.º 4, ora porque aquele contrato de trabalho se manteve em vigor, já que a empresa se manteve em laboração e se foram vencendo novos créditos após a declaração judicial de

[105] No mesmo sentido, cfr. Joana Costeira, *Os Efeitos da Declaração Judicial de Insolvência no Contrato de Trabalho: a tutela dos créditos laborais*. Coimbra: Almedina, 2017. P. 83 e Catarina Serra, Para um novo entendimento dos créditos laborais na insolvência e na pré-insolvência da empresa – Um contributo feito de velhas e novas questões. In Associação de Estudos Laborais, *Vinte Anos de Questões Laborais*. Coimbra: Coimbra Editora, 2013. P. 189.

insolvência, de acordo com o art.º 51º, n.º 1, al. e)[106], serão créditos sobre a massa insolvente[107 108].

A *Ley Concursal* tende a ser mais benéfica aos interesses dos trabalhadores, já que estabelece no seu art.º 242º, n.º 1 e n.º 8, enquanto créditos sobre a massa, os correspondentes aos últimos trinta dias de trabalho efetivo realizado antes da declaração de insolvência, em valor não superior a duas vezes o salário mínimo, bem como os gerados pelo exercício da atividade profissional do trabalhador após a decretação da insolvência.

Em nossa opinião, os créditos correspondentes a estes 30 dias anteriores à declaração de insolvência devem considerar-se créditos sobre a insolvência, pois não reúnem as características de um verdadeiro crédito sobre a massa, visto que são prévios à insolvência.

3. Créditos indemnizatórios

Os créditos indemnizatórios correspondem aos créditos que resultam da indemnização devida pela resolução, com justa causa, do contrato de trabalho por iniciativa do trabalhador, em momento anterior à declaração judicial de insolvência; ou de uma indemnização pela cessação do contrato de

106 O administrador da insolvência não pode simplesmente recusar o cumprimento do pagamento dos créditos laborais, porque a declaração de insolvência não determina automaticamente a cessação dos contratos de trabalho, mas poderá fazer cessar esses mesmos contratos.

107 Acórdão do TRP [em linha], de 06 de julho de 2010 (proc. n.º 1/08.0TJVNF-L.S1.P1), relatado pela Desembargadora Sílvia Pires [consult. 17/11/2020]. Disponível em WWW: URL:http://www.direitoemdia.pt e Acórdão do TRG [em linha], de 02 de maio de 2019 (proc. n.º 4022/07.2TBBRG-CV.G1), relatado pela Desembargadora Alexandra Rolim Mendes [consult. 18/11/2020]. Disponível em WWW: URL:http://www.direitoemdia.pt.

108 A este propósito, Júlio Manuel Vieira Gomes chama a atenção para o facto de este entendimento acabar por desencadear o despedimento dos trabalhadores – Júlio Manuel Vieira Gomes, Nótula sobre os Efeitos da Insolvência do Empregador nas Relações de Trabalho. Catarina Serra (coord.), *I Congresso de Direito da Insolvência*. Coimbra: Almedina, 2013. P. 291. Mas, a verdade é que este entendimento quanto aos créditos remuneratórios é incontornável.

trabalho com inobservância das regras previstas para o despedimento coletivo (arts. 359º ss. e art.º 383º, ambos do CT)[109].

Consideramos que os primeiros são créditos sobre a insolvência por se vencerem e, portanto, terem o seu fundamento em momento anterior à declaração judicial de insolvência, de acordo com o art.º 47º, n.º 1. Já quanto aos segundos, consideramos serem créditos sobre a massa insolvente, pois há deveres que impendem sobre o administrador da insolvência na hora de proceder ao despedimento, tal como elencámos *supra*, no capítulo III, em 2.1.1 e 2.2, os quais não sendo observados originam um despedimento ilícito, o que bem se compreende, visto ser necessário acautelar os interesses dos trabalhadores que perdem os seus trabalhos, sem lhes ser dado tempo de programar a sua vida[110] [111].

Há, no entanto, jurisprudência que vai no sentido de que o art.º 347º, n.º 3 do CT ao estabelecer que a cessação de contratos de trabalho decorrente do estabelecimento definitivo da empresa ou da dispensabilidade do trabalhador deve seguir os procedimentos do despedimento coletivo com as necessárias adaptações, quer desde logo afastar a exigência de cumprimento do prazo de pré-aviso, assim como a fase negocial prévia ao despedimento, que não tem qualquer utilidade, porque os trabalhadores, perante a situação

[109] Joana Costeira, *Os Efeitos da Declaração Judicial de Insolvência no Contrato de Trabalho: a tutela dos créditos laborais*. 2ª Ed.. Coimbra: Almedina, 2017. P. 82.

[110] Apesar de não constar da letra do art.º 347º do CT qualquer referência à consequência que possa advir no caso de incumprimento das formalidades do despedimento coletivo, aquela deve ser objeto de interpretação extensiva no sentido de se considerar aplicável as consequências da omissão dos procedimentos, pois a *ratio* de tais procedimentos com as devidas adaptações é a mesma, ou seja, a proteção dos trabalhadores (Acórdão do TRG [em linha], de 15 de março de 2016 (proc. n.º 814.14.4TJVNF-F.G1), relatado pela Desembargadora Isabel Rocha [consult. 18/11/2020]. Disponível em WWW: URL:http://www.direitoemdia.pt.

[111] Num acórdão do TRG, de 31 de outubro de 2019, pode ler-se o seguinte: «*O despedimento dos trabalhadores de uma empresa, na sequência do encerramento definitivo do estabelecimento, num quadro de insolvência, levado a cabo pelo Administrador de Insolvência, é ilícito quando este desrespeita o prazo de pré aviso previsto no art.º 363º, n.º 1 do Código do Trabalho, atento o disposto no art.º 347º, n.º 3 e 383º, al. b), deste diploma, e é devida a esses trabalhadores a compensação prevista nos arts. 389º, n.º 1e 391º, n.º 1 do mesmo diploma.*» – Acórdão do TRG [em linha], de 31 de outubro de 2019 (proc n.º 7861/17.2T8VNF-BK.G1), relatado pela Desembargadora Margarida Almeida Fernandes [consult. 18/11/2020]. Disponível em WWW: http://www.direitoemdia.pt.

da empresa, devem estar conscientes da forte probabilidade de cessação do seu contrato[112].

Por outro lado, existe jurisprudência que reconhece que tal prazo de aviso prévio não pode ser ignorado, pois o que está em causa é a reorganização da vida laboral dos trabalhadores, não podendo depararem-se com a cessação abruta do seu contrato de trabalho[113].

Como já deixamos referido, concordamos com esta última tese, pois entendemos que o administrador da insolvência, que seja diligente, saberá de antemão qual a probabilidade de encerramento ou manutenção da empresa, podendo assim respeitar o prazo de pré-aviso.

Além disso, assiste ao administrador da insolvência a possibilidade de cessar contratos de trabalho de trabalhadores dispensáveis ao funcionamento da empresa, pelo que o administrador da insolvência, que atue diligentemente, não deve manter contratos desnecessários de modo a não sobrecarregar a massa insolvente, o que é compatível com a observância do prazo de pré-aviso para a cessação do contrato de trabalho.

Ora, os créditos que daí resultem para os trabalhadores são dívidas resultantes da atuação do administrador da insolvência no exercício das suas funções e, por isso, dívidas da massa (art.º 51º, n.º 1, al. d)[114].

Ainda que a administração da empresa caiba ao devedor, entendemos que estes créditos são, de igual modo, sobre a massa, porquanto aquele administra a empresa, mas sempre sob a alçada do administrador da insolvência que detém poderes de controlo da atividade do devedor, e se espera uma pessoa diligente.

112 Acórdão do TRG [em linha], de 01 de fevereiro de 2018 (proc. n.º 1450/14.0TJVNF-B.G1), relatado pela Desembargadora Helena Melo [consult. 19/11/2020]. Disponível em WWW: URL://www.direitoemdia.pt; Acórdão do TRG [em linha], de 25 de junho de 2020 (proc. n.º 2139/19.0T8VCT-A.G1), relatado pela Desembargadora Ana Cristina Duarte [consult. 25/11/2020]. Disponível em WWW: URL:http://www.direitoemdia.pt.

113 Acórdão do Supremo Tribunal de Justiça [em linha], de 30 de maio de 2017 (proc. n.º 1385/13.4TJCBR-H.C1.S1), relatado pelo Conselheiro José Rainho [consult. 19/11/2020]. Disponível em WWW: URL://www.dgsi.pt

114 Acórdão do TRP [em linha], de 06 de julho de 2010 (proc. n.º 1/08.0TJVNF-L.S1.P1), relatado pela Desembargadora Sílvia Pires [consult. 17/11/2020]. Disponível em WWW: URL:http://www.direitoemdia.pt

O entendimento aqui sustentado permite que os trabalhadores tenham direito a uma quantia pecuniária sobre a massa insolvente, sem necessidade de a reclamarem na insolvência, o que faz com que seja paga com precipuidade.

O art.º 242º, n.º 8 da *Ley Concursal* vai igualmente no sentido de considerar estes créditos indemnizatórios créditos sobre a massa insolvente, a serem pagos com prioridade em relação aos demais créditos dos restantes credores.

4. Créditos compensatórios

Os créditos compensatórios resultam da compensação devida ao trabalhador aquando da cessação do contrato de trabalho pela sua antiguidade.

Quanto a estes créditos, consideramos serem créditos sobre a insolvência, quando o vínculo laboral se estabeleceu em data anterior à declaração judicial de insolvência, pois o seu fundamento reside na antiguidade do trabalhador, a qual se vai formando em momento anterior à declaração judicial de insolvência, enquanto a empresa esteve em atividade[115].

Nestes termos, tais créditos são garantidos e privilegiados, de acordo com o art.º 47º, n.º 4, al. a).

É certo que, em alguns casos, o vínculo laboral se mantém após a declaração judicial de insolvência, mas não é o tempo de trabalho decorrido após a

[115] Favoravelmente a este entendimento pronunciaram-se, entre outros, o TRC [em linha], em acórdão de 14 de julho de 2010 (proc. n.º 562/09.7T2AVR-P.C1), relatado pelo Desembargador Barateiro Martins [consult. 19/11/2020]. Disponível em WWW: URL:http://www.direitoemdia.pt e o TRG [em linha], em acórdão de 1 de fevereiro de 2018 (proc. n.º 1450/TJVNF-B.G1), relatado pela Desembargadora Helena Melo [consult. 25/11/2020]. Disponível em WWW: URL:http://www.direitoemdia.pt; na doutrina, cfr. igualmente, Joana Costeira, *Os Efeitos da Declaração Judicial de Insolvência no Contrato de trabalho: a tutela dos créditos laborais*. 2.ª Ed.. Coimbra: Almedina, 2017. Pp. 89-91, Júlio Gomes, Nótula sobre os Efeitos da Insolvência do Empregador nas Relações de Trabalho. In Catarina Serra (coord.), *I Congresso de Direito da Insolvência*. Coimbra: Almedina, 2013. Pp. 293-295; Fátima Reis Silva, Classificação, Verificação e Graduação de Créditos no CIRE – Os Créditos Laborais. *Prontuário de Direito do Trabalho*. Coimbra: Coimbra Editora. N.º 73 (janeiro/abril 2006), p. 112; Miguel Lucas Pires, *Dos Privilégios Creditórios: regime jurídico e sua influência no concurso de credores*. 2.ª Ed.. Coimbra: Almedina, 2015. P. 414.

declaração judicial de insolvência que justificará a maior parcela da quantia a pagar de compensação, mas sim o tempo de trabalho decorrido anteriormente.

Além disso, os créditos compensatórios não se subsumem em qualquer das alíneas do art.º 51, não sendo consequentes da atividade do administrador da insolvência, mas sim da situação de insolvência do estabelecimento.

Obviamente, neste entendimento, cabem somente os créditos compensatórios resultantes da cessação do contrato de trabalho pelo administrador da insolvência por considerar determinado trabalhador dispensável ao funcionamento da empresa (art.º 347º, n.º 2 do CT), e também os originários da cessação do contrato de trabalho por encerramento definitivo da empresa.

A nosso ver, já não cabem naquele entendimento os créditos compensatórios dos trabalhadores contratados pelo administrador da insolvência, a termo certo ou incerto, necessários à liquidação da massa insolvente ou à continuação da exploração da empresa (art.º 55º, n.º 4), os quais são créditos sobre a massa insolvente nos termos do art.º 51, n.º 1, al. c). Caso contrário, poucos seriam aqueles que aceitariam estabelecer um contrato de trabalho com uma empresa economicamente debilitada, sabendo que teriam de reclamar os seus créditos no processo de insolvência, os quais ainda teriam de ser graduados juntamente com outros, o que diminui fortemente as chances de alguma vez vir a ser pagos integralmente.

Contudo, esta não é a posição seguida por alguma da doutrina portuguesa.

Há Autores[116], para os quais, os créditos compensatórios são dívidas da massa, porque a cessação do contrato de trabalho ora resulta de atos de administração da massa insolvente, nos termos da al. c) do n.º 1 do art.º 51º, ora resulta de um ato do administrador da insolvência praticado no exercício das suas funções, conforme o art.º 51º, n.º 1, al. d).

Não podemos concordar com tal posição.

[116] Cfr. a este propósito, Luís Carvalho Fernandes, Efeitos da Declaração de Insolvência no Contrato de Trabalho segundo o Código da Insolvência e da Recuperação de Empresas. *Revista de Direito e de Estudos Sociais*. Lisboa: Editorial Verbo. Ano XLV, n.os 1, 2, 3 (janeiro/setembro 2004), p. 26, e Luís Menezes Leitão, A natureza dos créditos laborais resultantes da decisão do administrador de insolvência. *Cadernos de Direito Privado*. Braga: Centro de Estudos Jurídicos do Minho. N.º 34 (abril/junho 2011), p. 65.

A verdade é que alguma jurisprudência tem vindo a entender que os créditos compensatórios não podem ser simultaneamente dívidas da massa e dívidas da insolvência[117]. Partindo deste princípio, não será justo que um trabalhador despedido dias antes da declaração de insolvência veja os seus créditos compensatórios como créditos sobre a insolvência; e um outro trabalhador, com a mesma antiguidade do primeiro, porque o seu contrato de trabalho caducou por força do encerramento definitivo da empresa, ocorrido umas semanas após a declaração de insolvência, seja titular de um crédito sobre a massa[118]. Sendo que a compensação do primeiro seria toda ela um crédito sobre a insolvência e o segundo (repita-se, com a mesma antiguidade), teria direito a uma compensação toda ela crédito sobre a massa.

É mais vantajoso ter um crédito sobre a massa insolvente do que sobre a insolvência, como podemos concluir por tudo o que fica exposto, mas não podemos enquadrar todo e qualquer crédito nas dívidas da massa insolvente, caso contrário o efeito útil deste regime de distinção entre dívidas da insolvência e dívidas da massa acaba por cair.

As dívidas da massa insolvente são dívidas contraídas após a declaração de insolvência e que estão intimamente ligadas ao processo em si. Referimo-nos aqui às custas do processo, à remuneração do administrador da insolvência, à luz e água que se vão gastando com a manutenção em funcionamento da empresa, aos salários dos trabalhadores vencidos depois daquela declaração, entre muitas outras despesas, mas sempre despesas decorrentes diretamente do processo de insolvência.

Não nos parece que os créditos compensatórios relativos à cessação de contratos de trabalho celebrados em momento anterior à declaração de insolvência possam ser considerados créditos emergentes da própria declaração

[117] Cfr. acórdão do TRG [em linha], de 14 de janeiro de 2016 (proc. n.º 6034/13.8TBBRG-O.G1), relatado pelo Desembargador António Santos. [Consult. 11/12/2020]. Disponível em WWW: URL:http://www.dgsi.pt.

[118] Exemplo retirado da nota 27 de Júlio Manuel Vieira Gomes, Nótula sobre os Efeitos da Insolvência do Empregador nas Relações de Trabalho. In Catarina Serra (coord.), *I Congresso de Direito da Insolvência*. Coimbra: Almedina, 2013. Pp. 293-294. No mesmo sentido, cfr. acórdão do TRG [em linha], de 09 de julho de 2015 (proc. n.º 6034/13.8TBBRG-N.G1.S1), relatado pelo Desembargador Manuel Bargado. [Consult. 01/03/2021]. Disponível em WWW: URL:http://www.dgsi.pt, segundo o qual esta situação é geradora de uma forte desigualdade.

de insolvência, nem tão pouco dívidas emergentes dos atos de administração, liquidação e partilha da massa insolvente, e bem assim dívidas resultantes da atuação do administrador da insolvência no exercício das suas funções (art.º 51º, n.º 1, als. c) e d)). Se assim fosse, todas as dívidas que surgissem após a declaração de insolvência seriam dívidas da massa, pois a partir daquela declaração o gestor da empresa passa a ser o administrador da insolvência, e ainda que o gestor seja o devedor à luz do art.º 224º, sempre caberá ao administrador da insolvência um poder de fiscalização de tal atividade (art.º 226º, n.º 1). Além disso, não se nos afigura que sejam dívidas emergentes de atos de administração, liquidação e partilha da massa insolvência, pois o fundamento do crédito propriamente dito prende-se com a antiguidade do trabalhador e não com o motivo da cessação do contrato de trabalho, embora esta cessação ocorra num período de tempo posterior à declaração de insolvência.

Mostra-se necessário fazer um esforço para restringir ao máximo aquilo que se deve entender por dívida da massa, sob pena de chegarmos a um ponto de ter unicamente credores sobre a massa insolvente e o benefício destes mesmos credores tornar-se nulo, devido à insuficiência da mesma.

Somos apologistas de a regra ser as dívidas sobre a insolvência, salvo nos casos flagrantes em que não há margem para dúvidas de que estamos perante um crédito sobre a massa. Em caso de dúvida, os créditos serão sempre sobre a insolvência.

Ademais, não nos parece que resultem consequências demasiado nefastas para os trabalhadores derivadas do facto de a sua compensação ser entendida como um crédito sobre a insolvência, uma vez que os mesmos sempre gozarão de uma tutela reforçada como estudaremos *infra*.

Entender os créditos compensatórios como créditos sobre a massa levaria a um sobre-endividamento da massa insolvente, que desembocaria no encerramento antecipado do processo por insuficiência daquela, bem como ao despojamento de utilidade dos privilégios creditórios que apenas serviriam aos créditos remuneratórios.

Ora, com a entrada em vigor da Lei n.º 9/2022, de 11 de janeiro, que transpôs a Diretiva 1023/2019, alterando, deste modo, o CIRE e demais legislação conexa, é colocado termo a toda a divisão doutrinal e jurisprudencial em torno desta matéria.

O art.º 47º-A do CIRE passa a prever expressamente que os créditos compensatórios resultantes da cessação de contrato de trabalho após a declaração de insolvência do devedor constituem créditos sobre a insolvência.

CAPÍTULO V
A TUTELA DOS CRÉDITOS LABORAIS

1. Os privilégios creditórios laborais: uma exceção ao princípio *par conditio creditorum*

Como já tivemos oportunidade de analisar, os créditos laborais gozam de uma tutela especial, designadamente dos privilégios creditórios previstos no art.º 333º do CT, mas não só.

Esta tutela especial justifica-se pela natureza análoga aos direitos, liberdades e garantias de tais créditos[119], especialmente da retribuição, a qual deriva do trabalho prestado pelo trabalhador, em vista do seu sustento e do da sua família. Aliás, a relevância da retribuição dos trabalhadores vem plasmada no art.º 59º, n.º 1, al. a) da CRP, o que justifica igualmente a necessidade de o legislador ordinário prever garantias especiais para este tipo de créditos, conforme impõe o art.º 59º, n.º 3 da CRP[120]. Há quem defenda mesmo a exis-

[119] Gomes Canotilho e Vital Moreira, *Constituição da República Portuguesa Anotada*. 4.ª Edição revista. Coimbra: Coimbra Editora, 2007. Vol. I, p. 770.

[120] Algumas das garantias previstas são as seguintes: o recurso ao FGS (art.º 336º do CT); o princípio da irredutibilidade salarial (art.º 129º, n.º 1, al. d) do CT); o regime da prescrição dos créditos laborais, cujo prazo começa a decorrer a partir do dia seguinte àquele em que cessou o contrato (art.º 337º do CT); a responsabilidade solidária do empregador e da sociedade que com este se encontre em relação de participações recíprocas, de domínio ou de grupo, em relação a créditos vencidos há mais de três meses (art.º 334º do CT); e a responsabilidade solidária dos sócios, que se encontrem numa das situações previstas no art.º 83º do CSC, desde que se verifiquem os pressupostos dos arts. 78º, 79º e 83º do CSC, e do gerente, administrador

tência de uma *«discriminação positiva dos créditos salariais em relação aos demais créditos sobre os empregadores»*[121].

No âmbito do Código do Trabalho, existem os privilégios creditórios que além de abarcarem a retribuição, abrangem também todos os créditos emergentes da violação ou cessação do contrato de trabalho, e existe ainda a possibilidade de os mesmos créditos serem satisfeitos pelo FGS (art.º 336º do CT), garantias que, entre outras, assumem maior relevo no processo de insolvência.

No contexto do processo de insolvência vigora o princípio *par conditio creditorum*, consagrado no art.º 604º, n.º 1 do CC, segundo o qual os credores estão numa posição de igualdade no concurso, pelo que devem ser objeto do mesmo tratamento, desde que não existam causas legítimas de preferência, sendo uma dessas causas legítimas, precisamente, os privilégios creditórios (art.º 604º, n.º 2 do CC).

O princípio *par conditio creditorum* assume especial importância no âmbito do processo de insolvência, pois é previsível que nem todos os créditos sejam satisfeitos, o que impõe o tratamento igualitário dos credores, embora com exceções.

O CIRE ocupar-se-á então de fazer uma classificação dos créditos e determinará a ordem segundo a qual serão pagos.

Os privilégios creditórios podem ser mobiliários ou imobiliários, consoante a natureza do bem sobre que incidem; e podem ser gerais, se abrangerem todos os bens que constituem o património do devedor, e especiais, se incidem sobre bens concretos que compõem esse património, sendo certo que os privilégios imobiliários previstos no Código Civil são sempre especiais (art.º 735º do CC). Isto porque, em legislação avulsa, existem privilégios imobiliários gerais, designadamente no art.º 7º do DL n.º 437/78, de 28 de dezembro e no art.º 30º do DL n.º 165/85, de 16 de maio, relativos aos privilégios do Instituto do Emprego e Formação Profissional; no art.º 111º do CIRS, relativo

ou diretor, desde que se verifiquem os pressupostos do art.º 78º e 79º do CSC (art.º 335º do CT). Segundo Bernardo da Gama Lobo Xavier, esta última forma de garantia pressupõe a existência de responsabilidade civil extracontratual, sendo que a responsabilidade prevista no n.º 1 do art.º 335 do CT abrange apenas os chamados sócios-controladores, e não todos os sócios – Bernardo da Gama Lobo Xavier, *Manual de Direito do Trabalho*. 2.ª Edição revista e atualizada. Lisboa: Verbo, 2014. P. 626.

[121] Gomes Canotilho e Vital Moreira, *Constituição da República Portuguesa Anotada*. 4.ª Ed.. Coimbra: Coimbra Editora, 2007. Vol. I. P. 777.

aos privilégios do Estado para cobrança de imposto sobre o rendimento das pessoas singulares; no art.º 116º do CIRC, relativo ao privilégio do Estado para cobrança do imposto sobre o rendimento das pessoas coletivas.

De acordo com o art.º 333º do CT, os créditos laborais gozam de um privilégio mobiliário geral e de um privilégio imobiliário especial sobre o bem imóvel do empregador no qual o trabalhador preste a sua atividade, algo que não é novidade no atual Código do Trabalho, mas que já existia há alguns anos, embora com algumas alterações[122].

A verdade é que existe igualmente um privilégio mobiliário geral consagrado no art.º 737º, n.º 1, al. d) do CC, aplicável aos créditos emergentes de contrato de trabalho ou da sua violação ou cessação, pertencentes ao trabalhador, e relativos aos últimos seis meses, sendo que esse prazo se conta a partir do pedido de pagamento (art.º 737º, n.º 2 do CC).

Este privilégio mobiliário geral, previsto no Código Civil, será graduado depois dos privilégios mobiliários especiais e depois de todos os privilégios mobiliários gerais previstos no art.º 737º do CC (art.º 747º, n.º 1 do CC), o que coloca a posição dos trabalhadores numa situação bastante fragilizada. É por esta razão que MIGUEL LUCAS PIRES e SALVADOR DA COSTA têm entendido que a norma constante do art.º 737º, n.º 1, al. d) do CC deve considerar-se revogada, atento o facto de os privilégios creditórios virem agora enunciados no Código do Trabalho e graduados de forma mais vantajosa[123].

A noção de privilégios creditórios vem consagrada no art.º 733º do CC, o qual refere que o privilégio é uma faculdade que a lei concede aos credores de serem pagos com preferência a outros, não carecendo de registo. Daí a afirmação que o privilégio creditório é um desvio ao princípio *par conditio creditorum*.

[122] Segundo acórdão da Relação de Coimbra, os créditos laborais devem ser pagos primeiramente pelo produto resultante da venda dos bens imóveis sobre que incide o privilégio imobiliário especial e só depois, se aquele se revelar insuficiente, pelo produto da venda dos bens móveis, por força do privilégio mobiliário geral – Acórdão do TRC [em linha], de 5 de junho de 2018 (proc. n.º 393/11.4TBSRT-U.C1), relatado pelo Desembargador Arlindo Oliveira. [Consult. 04/12/2020]. Disponível em WWW: URL:http://www.direitoemdia.pt.

[123] MIGUEL LUCAS PIRES, *Dos privilégios creditórios: regime jurídico e sua influência no concurso de credores*. 2.ª Ed.. Coimbra: Almedina, 2015. Pp. 217-218, e SALVADOR DA COSTA, O Concurso de Credores no Processo de Insolvência. In *Revista do CEJ*. Lisboa: Centro de Estudos Judiciários. N.º 4 (2006 – 1º semestre). P. 97.

Segundo MIGUEL LUCAS PIRES, os privilégios creditórios são garantias que não podem ser criadas por vontade das partes, sendo apenas resultantes da lei. São, isso sim, garantias determinadas pela simples constituição do crédito, isto é, não há necessidade de o credor adotar algum comportamento, sendo que nenhum crédito pode ser apelidado de privilegiado sem que a lei lhe atribua tal qualidade. O mesmo Autor acrescenta que devido à excecionalidade de tais garantias, as normas legais que as prescrevem não são de aplicação analógica nem de interpretação extensiva[124].

O art.º 734º do CC acrescenta ainda que *«O privilégio creditório abrange os juros relativos aos últimos dois anos, se forem devidos»*. SALVADOR DA COSTA acredita que este limite temporal se prende com o facto de se tratar de uma garantia não sujeita a registo, e que os dois anos a ter em conta são o ano da penhora ou ato equivalente e o ano anterior, estando aqui englobados os juros remuneratórios mas também os moratórios[125].

Este desvio ao princípio *par conditio creditorum*, no que diz respeito aos créditos dos trabalhadores, tem uma base constitucional, não se pretendendo com tal desvio promover uma desigualdade injustificada dos credores na insolvência. Em nossa opinião, o desvio a este princípio, no caso concreto, é reclamado pela ideia de uma igualdade material.

A este respeito, JOSÉ M.ª GARRIDO entende que a concessão de privilégios creditórios a certos credores é um custo para o sistema creditício, pois considera que a atribuição de tais privilégios se faz à custa de subtrair ao devedor a possibilidade de obter crédito, assim como à custa dos incentivos dos credores para conceder crédito, já que os credores protegidos por causas de preferência são pagos com prioridade em relação aos credores comuns[126]. Além disso, existem já privilégios a ser pagos prioritariamente em relação às garantias reais. Veja-se o caso previsto no art.º 751º do CC e, no ordenamento jurídico espanhol, o caso dos "*superprivilegios*".

Contudo, o referido Autor não defende a extinção destas causas de preferência legais, pois visam proteger um interesse merecedor de tutela, um fim

[124] MIGUEL LUCAS PIRES, *Dos privilégios creditórios: regime jurídico e sua influência no concurso de credores*. 2.ª Ed..Coimbra: Almedina, 2015. Pp. 14 e 16.

[125] SALVADOR DA COSTA, *O Concurso de Credores*. 5.ª Ed.. Coimbra: Almedina, 2015. P. 130.

[126] JOSÉ M.ª GARRIDO, *Garantías Reales, Privilegios y Par Condicio: un ensayo de análisis funcional*. Madrid: Centro de Estudios Registrales, 1999. Pp. 83 e 86.

superior, mas advoga a eliminação da causa de preferência quando a mesma não se sustente numa justificação de ordem social justa[127], algo que nos parece razoável.

Os privilégios creditórios dos trabalhadores no ordenamento jurídico espanhol vêm consagrados no art.º 32º ET. O n.º 1 prevê um "*superprivilegio*" que incide sobre a generalidade dos bens do devedor, e do qual gozam os créditos salariais dos últimos trinta dias de trabalho, limitados pelo dobro do salário mínimo. Por seu turno, na *Ley Concursal*, os créditos salariais relativos aos últimos trinta dias de trabalho antes da declaração de insolvência, assim como os créditos dos trabalhadores vencidos após a declaração de insolvência, são créditos sobre a massa insolvente (art.º 242º, n.º 1 e n.º 8 da *Ley Concursal*) satisfeitos de acordo com os arts. 244º e 245º da *Ley Concursal*, segundo os quais o pagamento dos créditos sobre a massa insolvente será feito tendo por base os bens e direitos não afetados por privilégio especial, sendo os créditos salariais pagos imediatamente. O art.º 32º, n.º 2 do ET, por sua vez, prevê uma "*preferencia especial refaccionaria*" que incide sobre os objetos fabricados pelos trabalhadores enquanto são propriedade ou estão na posse do empregador. Tais créditos, no âmbito do processo de insolvência, são considerados créditos privilegiados sobre a insolvência, de acordo com o art.º 270º, e pagos nos termos do art.º 430, ambos da *Ley Concursal*. Esta preferência é extensível a todos os operários, mesmo que não participem na tarefa, por exemplo, motoristas. A este propósito, convém referir que, conforme indica o art.º 431º da *Ley Concursal*, se o mesmo bem ou direito for afetado por mais de um crédito com privilégio especial, vigora o princípio da prioridade temporal. Quanto à prioridade de pagamento dos créditos com hipoteca legal, é a que resulta da sua regulamentação. O art.º 32º, n.º 3 ET refere-se aos demais créditos salariais não abrangidos pelos dois números anteriores, os quais gozam de uma "*preferencia general ordinaria*", porque afeta todo o património do devedor[128]. Assim, de acordo com este n.º 3, conjugado com o art.º 280º da *Ley Concursal*, configuram-se créditos sobre a insolvência com privilégio geral os demais créditos salariais no valor resultante da multiplicação do triplo do

[127] *Ibidem*. P. 90.

[128] Cfr. sobre a "*preferencia especial refaccionaria*", o "*superprivilegio*" e o "*privilegio general ordinário*", Manuel Olivencia Ruiz, Los privilegios del crédito salarial. *CIVITAS: Revista Española de Derecho del Trabajo*. Madrid: Civitas. N.º 18 (abril/junio 1984). P. 188.

salário mínimo pelo número de dias em dívida; as indemnizações por extinção do contrato de trabalho, em montante que não exceda o triplo do salário mínimo; as indemnizações derivadas de acidente de trabalho e doença profissional cuja origem remonte a momento anterior à declaração de insolvência; as dívidas à segurança social pelas quais o devedor é legalmente responsável e as sobretaxas sobre as prestações por incumprimento das obrigações em matéria de saúde laboral com origem em momento anterior à declaração de insolvência. Estes últimos créditos são pagos nos termos do art.º 432º da *Ley Concursal*. De facto, há a necessidade de articular as disposições normativas do ET com as da *Ley Concursal*, uma vez que o ET trata os privilégios creditórios no âmbito das execuções singulares, mas é na *Ley Concursal* que encontramos a classificação dos créditos e a sua prioridade de pagamento no âmbito das execuções universais[129].

1.1. Privilégio mobiliário geral

No art.º 333º, n.º 1, al. a), do CT está previsto o privilégio mobiliário geral de que gozam os trabalhadores, o que significa que os créditos destes, no processo de insolvência, serão pagos pelo produto da venda de todos os bens móveis existentes no património do devedor à data da penhora ou ato equivalente (art.º 735º, n.º 1 do CC). Vale isto por dizer que o valor daqueles bens móveis garantirá o pagamento do crédito.

Atente-se no facto de que os privilégios mobiliários gerais se constituem aquando do direito de crédito a que respeitam. No entanto, a sua eficácia só surge com o ato de penhora dos bens móveis respetivos[130].

Atualmente, este privilégio é graduado antes de qualquer crédito referido no n.º 1 do art.º 747º do CC, isto é, antes de qualquer crédito com privilégio mobiliário geral e especial, com exceção dos privilégios por despesas de justiça (art.º 746º do CC) e do privilégio creditório mobiliário geral de que o credor

[129] Cfr. para tudo quanto fica exposto sobre os privilégios creditórios no ordenamento jurídico espanhol, Alfredo Montoya Melgar, *Derecho del Trabajo*. 35º Ed.. Madrid: Editorial Tecnos, 2014. Pp. 391-295; Antonio V. Sempere Navarro (coord.) [et al.], *Comentarios al Estatuto de los Trabajadores*. 9ª Ed.. Pamplona: Arazandi, 2013. Pp. 344-362.

[130] Salvador da Costa, *O Concurso de Credores*. 5.ª Ed.. Coimbra: Almedina, 2015. P. 150.

que financia a atividade da empresa, disponibilizando-lhe capital para a sua revitalização, é titular (art.º 17º H, n.º 2).

Ainda quanto ao privilégio mobiliário geral, este não é oponível a terceiros, titulares de direitos reais sobre coisas abrangidas pelo privilégio, facto demonstrativo da posição frágil que estes privilégios assumem no CC, no seu art.º 749º, n.º 1. É certo que o art.º 749º do CC tem como epígrafe *«Privilégio geral e direitos de terceiro»*, porém, como o art.º 735º, n.º 3, do mesmo diploma legal, refere que os privilégios imobiliários estabelecidos naquele Código são sempre especiais, pressupõe-se que o art.º 749º do CC se esteja a referir ao privilégio mobiliário.

A este propósito, Miguel Lucas Pires refere que o privilégio mobiliário geral é bastante amplo, porque abrange todos os bens móveis pertencentes ao património do devedor, mas, por outro lado, é bem mais frágil por comparação aos privilégios especiais, pois não incide sobre um bem concreto e determinado, o que leva a que o seu titular não tenha um poder sobre um bem específico[131]. Este Autor acrescenta ainda que, no confronto com uma penhora ou um arresto, o credor com privilégio mobiliário geral tem preferência no pagamento, porque o privilégio é preexistente, o mesmo acontecendo com o arresto, visto que este só constituirá uma causa legal de preferência quando se converter em penhora[132].

Em relação aos privilégios mobiliários gerais, existe um dissenso na doutrina quanto a saber se estes são ou não considerados direitos reais. A dúvida levanta-se pelo facto de o art.º 749º, n.º 1 do CC prever que o privilégio mobiliário geral cede perante os titulares de direitos reais de gozo ou de garantia sobre as coisas abrangidas pelo privilégio, ainda que tais direitos sejam de constituição posterior. Daqui resulta, no nosso entendimento, que o legislador pretendeu atribuir uma preferência aos privilégios gerais no momento do pagamento dos créditos, e não os converter em garantias reais do cumprimento de obrigações.

De facto, da leitura do art.º 749º, n.º 1 do CC resulta inequivocamente, em relação aos privilégios gerais, a exclusão da oponibilidade *erga omnes* e

131 Miguel Lucas Pires, *Dos privilégios creditórios: regime jurídico e sua influência no concurso de credores*. 2.ª Ed.. Coimbra: Almedina, 2015. P. 158.

132 *Ibidem*, p. 160.

da característica da prevalência típicas dos direitos reais (como bem se sabe, um direito real é oponível *erga omnes* e goza da característica da prevalência, bem como do direito de sequela). Não incidindo os privilégios gerais em bens concretos e determinados torna-se também, desde logo, impossível o exercício do direito de sequela.

É por força das razões enunciadas que a doutrina maioritária tem entendido – entendimento com o qual nos identificámos – que os privilégios gerais não são direitos reais, mas sim uma mera preferência[133].

É importante frisar aqui esta distinção, até porque há diferenças consideráveis entre as causas de preferência de origem convencional, como é o caso dos direitos reais de garantia, e as causas de preferência de origem legal, como é o caso dos privilégios creditórios. As primeiras permitem ao devedor ter acesso a um crédito, que, se não fosse a garantia prestada, era inacessível àquele. Já quanto às segundas, trata-se de aumentar a proteção conferida aos créditos dos credores contemplados por tal preferência, preferência essa que

[133] Cfr. sobre esta questão JOANA COSTEIRA, *Os Efeitos da Declaração Judicial de Insolvência no Contrato de Trabalho: a tutela dos créditos laborais*. Coimbra: Almedina, 2017. Pp. 112-114; MARIA JOSÉ COSTEIRA e FÁTIMA REIS SILVA, Classificação, Verificação e Graduação de Créditos no CIRE – em especial ao créditos laborais. In *Prontuário de Direito do Trabalho*. Coimbra: Coimbra Editora. N.os 76-77-78 (janeiro/dezembro 2007). P. 366; MENEZES LEITÃO, *Direito da Insolvência*. 10ª Ed.. Coimbra: Almedina, 2021. P. 104; PEDRO ROMANO MARTINEZ, Privilégios Creditórios. In DIOGO LEITE DE CAMPOS (org.), *Estudos em Homenagem ao Prof. Doutor Manuel Henrique Mesquita*. Coimbra: Coimbra Editora, 2009. Vol. II, pp.117 e 118; SALVADOR DA COSTA, *O Concurso de Credores*. 5.ª Ed.. Coimbra: Almedina, 2015. P. 129. Em sentido contrário, MIGUEL LUCAS PIRES tem entendido que mesmo os privilégios gerais devem ser considerados garantias reais, pois afetam determinados bens ao pagamento preferencial de certas dívidas, além de que sempre permitem uma delimitação negativa dos bens sobre que recaem, sabendo-se de antemão que não recaem sobre bens móveis ou imóveis. O mesmo Autor acrescenta que o facto de o privilégio geral não incidir sobre um bem certo e determinado no momento da sua constituição não faz de si uma mera preferência, pois defende que o bem objeto desta garantia será identificável no momento da apreensão dos bens – MIGUEL LUCAS PIRES, *Dos privilégios creditórios: regime jurídico e sua influência no concurso de credores*. 2.ª Ed.. Coimbra: Almedina, 2015. Nota 294, p. 94 e p. 428. Na jurisprudência, cfr. Acórdão do TRP [em linha], de 1 de julho de 2014 (proc. n.º 60/13.4TBCNF.G.P1), relatado pela Desembargadora Maria do Carmo Domingues. [Consult. 16/12/2020]. Disponível em WWW: URL:http://www.direitoemdia.pt; acórdão do TRC [em linha], de 18 de maio de 2010 (proc. n.º 854/04.1TBTMR-D.C1), relatado pelo Desembargador Carlos Moreira. [Consult. 16/12/2020]. Disponível em WWW: URL:http://www.direitoemdia.pt.

é atribuída *ope legis* atenta a natureza do crédito (subjacente a um interesse digno de proteção), sem necessidade de acordo entre devedores e credores[134].

Já quanto aos privilégios especiais, não restam dúvidas de que os mesmos são verdadeiros direitos reais de garantia, por força, desde logo, do disposto nos arts. 750º e 751º do CC, que consagram a oponibilidade dos privilégios especiais face aos direitos de terceiros constituídos posteriormente e que com aqueles sejam incompatíveis.

1.2. Privilégio imobiliário especial

De 1986 ao Código do Trabalho de 2003, os créditos dos trabalhadores gozavam, além de um privilégio mobiliário geral, de um privilégio imobiliário geral, nos termos do art.º 12º, n.º 1, al. b) da LSA, gerador de acesas controvérsias, quanto a saber qual o regime a aplicar no seu confronto com direitos de terceiros: se o art.º 749º do CC[135] (segundo o qual os privilégios gerais cedem

[134] José M.ª Garrido, *Garantías Reales, Privilegios y Par Condicio: un ensayo de análisis funcional.* Madrid: Centro de Estudios Registrales, 1999. P. 77.

[135] Defensores de que é aplicável o art.º 749º do CC, cfr. entre outros, acórdão do Supremo Tribunal de Justiça [em linha], de 22 de junho de 2005 (proc. n.º 05B1511), relatado pelo Conselheiro Custódio Montes. [Consult. 03/12/2020]. Disponível em WWW: URL:http://www.direitoemdia.pt; Acórdão do STJ [em linha], de 13 de janeiro de 2005 (proc. n.º 04B4398], relatado pelo Conselheiro Salvador da Costa. [Consult. 03/12/2020]. Disponível em WWW: URL:http://www.direitoemdia.pt; Acórdão do STJ [em linha], de 07 de fevereiro de 2008 (proc. n.º 07A4137), relatado pelo Conselheiro Nuno Cameira. [Consult. 03/12/2020]. Disponível em WWW: URL:http://www.dgsi.pt; acórdão do TRP [em linha], de 23 de fevereiro de 2010 (proc. n.º 606/03.6TYVNG-A.P1), relatado pelo Desembargador Ramos Lopes. [Consult. 04/12/2020]. Disponível em WWW: URL:http://www.direitoemdia.pt; acórdão do STJ [em linha], de 5 de maio de 2005 (proc. n.º 05B835), relatado pelo Conselheiro Neves Ribeiro. [Consult. 03/12/2020]. Disponível em WWW: URL:http://www.direitoemdia.pt, onde se lê: *«Não fazia sentido nenhum que, o credor estivesse garantido pelo seu crédito anterior, contando legitimamente com a correspondente segurança (porventura só com base nela financiou), vendo-se, depois, confrontado com o reconhecimento legal de um privilégio, sem limites temporais e oculto que lesasse de surpresa, e porventura irremediavelmente, a protecção da sua confiança ou da sua legítima expectativa naquela segurança pressuposta. Parece racional que, entre a obscuridade de um privilégio, e a clareza de outro, ambos sobre a mesma coisa, a melhor interpretação do Direito, vá pela certeza da transparência. (...) Se assim não fosse, a solução poderia envolver, segundo doutrina e jurisprudência mais atentas, ofensa ao princípio ínsito ao Estado de Direito, previsto pelo artigo 2º da Constituição da República».* Na doutrina, cfr. Miguel Lucas Pires, *Dos privilégios creditórios: regime jurídico e sua influência no concurso de credores.* 2.ª Ed.. Coimbra: Almedina, 2015. Pp. 102 e 124.

perante direitos reais de terceiros que recaiam sobre as coisas objeto de privilégios), se o art.º 751º do CC[136] (nos termos do qual os privilégios imobiliários são oponíveis aos direitos reais de gozo de terceiros sobre os bens imóveis, e à hipoteca, à consignação de rendimentos ou ao direito de retenção, mesmo que tais direitos reais de garantia sejam de constituição anterior), ambos na redação do DL n.º 323/2001, de 17 de dezembro.

Maioritariamente, a jurisprudência entendia que aos privilégios imobiliários gerais se deveria aplicar o regime do art.º 749º do CC, relativo aos privilégios mobiliários gerais, mas já não o art.º 751º do CC, por este se referir expressamente aos privilégios imobiliários especiais. Ademais, seguindo o entendimento segundo o qual os privilégios gerais não são direitos reais, mas meras preferências gerais, devem aqueles, de facto, ceder perante direitos reais de terceiros com incidência nas coisas abrangidas pelo privilégio, pelo que seria de aplicar o art.º 749º do CC.

Além disso, como bem refere Miguel Lucas Pires, não se pode ter o "*melhor de dois mundos*" conciliando um privilégio geral com o regime francamente beneficiador do art.º 751º do CC[137].

Não obstante, o TC decidiu nos seus acórdãos 498/2003 e 672/04 que a interpretação segundo a qual os privilégios imobiliários dos créditos laborais prevalecem sobre as hipotecas, por força do art.º 751º do CC, não é inconstitucional. O referido tribunal sustentou o seu entendimento no facto de os privilégios imobiliários incidirem sobre os bens imóveis da empresa ao serviço da qual se encontra o trabalhador, havendo, por isso, uma conexão, a qual acaba por atenuar o caráter oculto do privilégio e alertar o credor com garantia real registada para esse mesmo privilégio. Além disso, o mesmo entendimento é apoiado no princípio da proporcionalidade, quando estão em confronto direitos reais de terceiros e privilégios concedidos aos créditos dos

[136] A favor deste entendimento, cfr. entre outros, acórdão do STJ [em linha], de 18 de novembro de 1999 (proc. n.º 99B848), relatado pelo Conselheiro Peixe Pelica. [Consult. 03/12/2020]. Disponível em WWW: URL:http://www.direitoemdia.pt; acórdão do TRP [em linha], de 14 de novembro de 2005 (proc. n.º 0554752), relatado pelo Desembargador Cunha Barbosa. [Consult. 04/12/2020]. Disponível em WWW: URL:http://www.direitoemdia.pt; acórdão do TRP [em linha], de 8 de julho de 2004 (proc. n.º 0325526), relatado pelo Desembargador Marques de Castilho. [Consult. 04/12/2020]. Disponível em WWW: URL:http://www.direitoemdia.pt.

[137] Miguel Lucas Pires, *Dos privilégios creditórios: regime jurídico e sua influência no concurso de credores*. 2.ª Ed.. Coimbra: Almedina, 2015. P. 249.

trabalhadores. Face à natureza alimentar dos últimos e à tutela constitucional concedida à retribuição no art.º 59º, n.º 1, al. a) da CRP, o TC entendeu que nesse confronto deve dar-se primazia aos privilégios dos trabalhadores. Acrescenta ainda este tribunal que a desnecessidade de registo dos privilégios creditórios é uma limitação ao princípio da confiança justificada pela natureza de direito análogo aos direitos, liberdades e garantias concedida ao direito dos trabalhadores à retribuição[138].

Miguel Lucas Pires, por sua vez, discordou de alguns dos fundamentos em que o douto tribunal se baseou, desde logo, por entender este Autor que a norma se refere a privilégio imobiliário geral sem mais, o que significa que abrange todo o património do devedor, caso contrário teríamos um privilégio imobiliário especial, tal como acontece atualmente. O mesmo Autor alerta, e bem, para a circunstância de o TC não estar a referir que a aplicação do art.º 751º do CC é a mais correta, nem que a aplicação do art.º 749º do CC não é correta, apenas refere não ser inconstitucional aplicar a norma do art.º 751º do CC para solucionar o litígio que possa existir entre um privilégio imobiliário geral dos trabalhadores e os direitos reais de terceiros[139].

Mais recentemente, o TC voltou a pronunciar-se quanto a esta matéria, referindo não ser inconstitucional interpretar o privilégio imobiliário geral concedido aos trabalhadores no sentido de não lhes ser aplicável o art.º 751º do CC e, consequentemente, eles não preferirem à hipoteca anteriormente registada[140].

138 Acórdão do TC n.º 498/2003 [em linha], de 22 de outubro de 2003 (proc. n.º 317/02), relatado pela Conselheira Maria dos Prazeres Beleza. [Consult. 16/12/2020]. Disponível em WWW: URL:http://www.direitoemdia.pt e Acórdão do TC n.º 672/2004 [em linha], de 23 de novembro de 2004 (proc. n.º 755/2004), relatado pela Conselheira Fernanda Palma. [Consult. 16/12/2020]. Disponível em WWW: URL:http://www.direitoemdia.pt.

139 Miguel Lucas Pires, *Dos privilégios creditórios: regime jurídico e sua influência no concurso de credores*. 2ª Ed.. Coimbra: Almedina, 2015. Pp. 116 e 119.

140 Acórdão do TC n.º 284/2007 [em linha], de 8 de maio de 2007 (proc. n.º 891/04), relatado pela Conselheira Pamplona Oliveira. [Consult. 16/12/2020]. Disponível em WWW: URL:http://www.direitoemdia.pt; Acórdão do TC n.º 287/2007 [em linha], de 8 de maio de 2007 (proc. n.º 905/04), relatado pela Conselheira Maria João Antunes. [Consult. 16/12/2020]. Disponível em WWW: URL:http://www.direitoemdia.pt; Acórdão do TC n.º 257/2008 [em linha], de 30 de abril de 2008 (proc. n.º 446/07), relatado pelo Conselheiro Joaquim de Sousa Ribeiro. [Consult. 16/12/2020]. Disponível em WWW: URL:http://www.direitoemdia.pt.

Do acabado de expor resulta, mais uma vez, que o TC não indicou qual a norma que solucionaria o litígio então existente entre direitos reais de terceiros e privilégios creditórios imobiliários gerais dos trabalhadores, sendo ambas as normas (art.º 749º e art.º 751º do CC), passíveis de conferir uma solução conforme à Constituição.

Com o DL n.º 38/2003, de 08 de março, aqueles artigos passaram a ter uma nova redação, acabando por se abolir, com a entrada em vigor do Código do Trabalho de 2003, a figura do privilégio imobiliário geral, passando a prever-se um privilégio imobiliário especial, no art.º 377, n.º 1, al. b) do CT, a incidir sobre os bens imóveis do empregador onde o trabalhador presta a sua atividade[141], sendo que, nesse caso, não restam dúvidas de que a norma a aplicar no confronto entre tal privilégio e o direito de terceiro é o art.º 751º do CC, que passou a ser mais claro ao referir expressamente que o privilégio imobiliário especial prefere à consignação de rendimentos, ao direito de retenção ou à hipoteca, ainda que constituídos anteriormente, mas já não aos direitos reais de gozo (por exemplo, direito de usufruto, direito de superfície, etc.) de constituição anterior.

Resultam, assim, claras as consequências nefastas que a desnecessidade de registo destes privilégios pode acarretar para terceiros. Ora, não sendo os privilégios sujeitos a registo, o qual lhes confere publicidade, acabam por ser desconhecidos dos restantes credores com garantias reais, que são surpreendidos com a cedência das garantias dos seus créditos perante os privilégios.

Este privilégio, atualmente, vem consagrado no art.º 333º, n.º 1, al. b) do CT de 2009, e é graduado antes dos créditos referidos no art.º 748º do CC e de crédito relativo a contribuição para a segurança social (art.º 333º, n.º 2, al. b) do CT), mas não antes do privilégio por despesas de justiça, nos termos do art.º 746º do CC.

[141] Algo que foi objeto de critica por Maria do Rosário Palma Ramalho por entender aquela Autora que, deste modo, se enfraquece a posição do trabalhador, enquanto credor, quando a atividade seja prestada em instalações cuja propriedade não pertence ao empregador, mas são sim arrendadas ou cedidas a este – Maria do Rosário Palma Ramalho, Aspetos Laborais da Insolvência. Notas breves sobre as implicações laborais no regime do Código da Insolvência e Recuperação de Empresas. In Ruy de Albuquerque e Menezes Cordeiro (coord.), *Estudos em memória do Professor Doutor José Dias Marques*. Coimbra: Almedina, 2007. P. 703.

Atente-se ainda no facto de o privilégio imobiliário especial, ao contrário do privilégio mobiliário geral, não se constituir no momento da penhora ou ato equivalente (art.º 735º, n.º 2 *a contrario* CC), mas sim no momento em que se forma o crédito objeto do privilégio, porquanto tendo uma função de garantia, a sua existência justifica-se a partir da formação dos créditos (existe aqui uma relação crédito-coisa), além de que se extrai do art.º 751º do CC o princípio *prior in tempore potior in jure*, não obstante a exceção existente em relação à consignação de rendimentos, à hipoteca e ao direito de retenção[142].

De facto, no confronto entre privilégios imobiliários especiais e direitos reais de terceiro, vigora o princípio *prior in tempore potior in jure*, salvo no caso das garantias enunciadas na segunda parte do art.º 751º do CC, as quais, como já deixamos referido, saem preteridas no confronto com os ditos privilégios[143].

Vendido o bem sobre o qual incide o privilégio imobiliário especial, consideramos que este privilégio é oponível ao adquirente do bem imóvel, desde que, obviamente, a data de constituição do privilégio seja anterior à aquisição do direito real de gozo, pois somos da opinião de que os privilégios especiais são verdadeiros direitos reais, os quais atribuem ao seu titular o direito de sequela. Assim, o titular de privilégio especial sobre um bem concreto e determinado poderá persegui-lo em qualquer circunstância.

Quanto à hipoteca, direito real de garantia refletido sobre coisas imóveis ou móveis sujeitas a registo, atribui ao credor o direito a ser pago com preferência sobre os demais credores que não gozem de privilégio especial ou prioridade de registo, pelo valor da coisa sobre a qual incide a hipoteca (art.º 686º, n.º 1 do CC).

Face à noção de hipoteca, podemos concluir que este direito real de garantia, mesmo que constituído anteriormente, cede perante o privilégio imobiliário especial do trabalhador estendido ao imóvel onde a atividade é prestada[144].

142 Menezes Cordeiro, Salários em Atraso e Privilégios Creditórios. *Revista da Ordem dos Advogados*. Lisboa: Ordem dos Advogados. Ano LVIII (1998). Pp. 655 e 661.

143 Miguel Lucas Pires, *Dos privilégios creditórios: regime jurídico e sua influência no concurso de credores*. 2.ª Ed.. Coimbra: Almedina, 2015. P. 164.

144 O TC decidiu não julgar inconstitucional esta interpretação – Acórdão do TC [em linha], de 19 de junho de 2008 (acórdão n.º 335/2008), relatado pelo Conselheiro João Cura Mariano. [Consult. 02/12/2020]. Disponível em WWW: URL:http://www.direitoemdia.pt.

O art.º 333º, n.º 1, al. b) do CT de 2009, passa agora a referir-se a este privilégio creditório imobiliário especial enquanto privilégio que incide não sobre *«...os bens imóveis do empregador...»* (redação prevista no Código do Trabalho de 2003), mas sim sobre *«...bem imóvel do empregador...»*. Ainda assim, consideramos que tal alteração ao normativo em análise não tem relevância para o que seguidamente referiremos a propósito deste privilégio.

O referido privilégio incide então sobre *«...bem imóvel do empregador no qual o trabalhador preste a sua atividade»* (art.º 333º, n.º 1, al. b) do CT), mas o que se deve entender por imóvel no qual o trabalhador preste a sua atividade?

O privilégio imobiliário especial aqui em causa incide unicamente no bem imóvel de que o empregador seja proprietário (não tendo aplicação, por exemplo, quando o prédio é arrendado) e no qual o trabalhador preste a sua atividade, devendo os trabalhadores alegar e provar que aí exercem a sua atividade profissional[145] ou que existe uma conexão da sua atividade com o imóvel pertencente ao empregador, para assim beneficiarem do privilégio[146] [147].

[145] Acórdão do STJ [em linha], de 31 de janeiro de 2007 (proc. n.º 07A4111), relatado pelo Conselheiro Silva Salazar. [Consult. 25/11/2020]. Disponível em WWW: URL:http://www.dgsi.pt.

[146] Leonor Pizarro Monteiro, *O Trabalhador e a Insolvência da Entidade Empregadora*. Coimbra: Almedina, 2016. P. 144.

[147] O STJ já foi chamado a pronunciar-se sobre a questão dos privilégios imobiliários especiais de que os trabalhadores de empresas de construção civil são titulares, fixando mesmo jurisprudência sobre o assunto. Para este Tribunal superior, os privilégios imobiliários especiais dos trabalhadores não podem abranger os imóveis construídos para venda pela empresa de construção civil, sob pena de se cair novamente no regime anterior, que previa a existência de um privilégio imobiliário geral. De facto, se com tal privilégio se abranger imóveis que não integram o ativo fixo da empresa, acaba por se abranger todos os imóveis do empregador, o que implica a colisão com direitos de terceiros, designadamente a hipoteca a favor do financiador da construção, o direito de retenção do promitente-comprador e os direitos dos adquirentes que pretendem adquirir habitação própria, colocando-se deste modo em causa o direito à habitação (art.º 65º da CRP). Face às consideráveis garantias que a lei reserva aos créditos dos trabalhadores, aquele Tribunal considera não se dever sacrificar os direitos dos terceiros em prol dos direitos dos trabalhadores, uniformizando jurisprudência no sentido de os imóveis construídos por empresa de construção civil para comercialização estarem excluídos da garantia prevista no art.º 377º, n.º 1, al. b) do CT de 2003 – Acórdão Uniformizador do STJ [em linha], de 23 de fevereiro de 2016 (proc. n.º 1444/08.5TBAMT-A.P1.S1-A), relatado pelo Conselheiro Pinto de Almeida. [Consult. 26/11/2020]. Disponível em WWW: URL:http://www.direitoemdia.pt. Ora, se este é o entendimento face à redação do art.º 377º, n.º 1, al. b) do CT de 2003, que referia *«...bens imóveis do empregador nos quais o trabalhador preste a sua atividade»*, por maioria de razão, será o mesmo para a redação do art.º 333º, n.º 1, al. b) do CT de 2009,

Podemos afirmar que há duas teses quanto à interpretação do art.º 333º, n.º 1, al. b) do CT, referente ao privilégio creditório imobiliário especial de que os créditos dos trabalhadores gozam: uma mais restritiva[148] segundo a qual o privilégio imobiliário do trabalhador incide sobre o imóvel onde o trabalhador presta efetivamente a sua atividade, com caráter regular; e outra mais ampla[149] segundo a qual o privilégio imobiliário do trabalhador abrange o imóvel ou imóveis do empregador em que exista uma conexão funcional entre a atividade profissional desenvolvida pelo empregador e a atividade laboral levada a cabo pelo trabalhador. Segundo esta tese mais ampla, os trabalhadores beneficiam de um privilégio que incide sobre todos os bens imóveis que pertencem ao empregador e que estejam afetos ao seu objeto social, sendo que os trabalhadores não têm de neles exercer de facto a sua atividade, mas exige-se tão só que exista a tal conexão funcional.

O local de trabalho é, em primeira análise, o lugar físico de cumprimento da prestação de trabalho, que, em princípio, coincide com as instalações da empresa, no entanto esta noção não se adequa ao caso do motorista, do trabalhador da empresa de limpezas ao domicílio, etc., para os quais o local de trabalho não é fixo; não se adequa às situações vividas pelos trabalhadores da construção civil, que desenvolvem a sua atividade nas obras levadas a cabo pela empresa nas mais diversas localidades; não se adequa também aos contratos

referindo-se agora ao *«bem imóvel do empregador no qual o trabalhador presta a sua atividade»*, pois consideramos que em termos práticos a nova redação não tem qualquer relevância.

148 Cfr. entre outros, Acórdão do STJ [em linha], de 31 de janeiro de 2007 (proc. n.º 07A4111), relatado pelo Conselheiro Silva Salazar. [Consult. 02/12/2020]. Disponível em WWW: URL:http://www.dgsi.pt.

149 Cfr. entre outros, Acórdão do TRC [em linha], de 23 de setembro de 2014 (proc. n.º 528/13.2TBFND-C.C1, relatado pelo Desembargador Jorge Arcanjo. [Consult. 02/12/2020]. Disponível em WWW: URL:http://www.direitoemdia.pt; Acórdão do TRG [em linha], de 15 de janeiro de 2015 (proc. n.º 924/13.5TBVVD-C.G1), relatado pela Desembargadora Helena Melo. [Consult. 02/12/2020]. Disponível em WWW: URL:http://www.direitoemdia.pt; Acórdão do TRC [em linha], de 16 de outubro de 2007 (proc. n.º 3213/04.2TJCBR-AL.C1), relatado pelo Desembargador Hélder Almeida. [Consult. 03/12/2020]. Disponível em WWW: URL:http://www.direitoemdia.pt; acórdão do TRG [em linha], de 9 de maio de 2019 (proc. n.º 7577/16.7T8VNF-D.G1), relatado pelo Desembargador Pedro Damião e Cunha. [Consult. 21/12/2020]. Disponível em WWW: URL:http://www.direitoemdia.pt, onde se lê: *«...um trabalhador goza de privilégio imobiliário especial pelo seu crédito perante a entidade empregadora sobre o ou os imóveis pertencentes ao empregador que façam parte da estrutura estável da sua organização produtiva, independentemente da localização efectiva do posto de trabalho do trabalhador.»*

de trabalho temporário ou ao teletrabalhador, pois as suas atividades são prestadas em entidade diversa do empregador; nem às situações de deslocação do trabalhador para o exterior da empresa no exercício das suas funções[150].

De facto, é nossa opinião que, para que os trabalhadores possam gozar do dito privilégio, não é necessário que exerçam funções especificamente no espaço físico do imóvel que é propriedade do empregador, mas que exista uma conexão funcional entre a atividade do trabalhador e a empresa. Caso contrário, os motoristas, os vendedores, entre outros, que não têm um local de trabalho[151] estável, ficam desprotegidos, o que leva a uma enorme desigualdade entre os trabalhadores ao serviço de uma mesma empresa[152]. Senão vejamos: por um lado, existem os administrativos, para os quais não há dúvida quanto ao seu local de trabalho, e consequentemente, não há dúvida quanto à incidência do privilégio imobiliário, mas, por outro lado, existem os tais trabalhadores sem um local de trabalho fixo e estável, em relação aos quais não podemos dizer, pura e simplesmente, que não gozam de qualquer privilégio imobiliário, nem podemos afirmar que gozam de privilégio imobiliário sobre todos os bens imóveis pertencentes ao empregador, sob pena de cairmos novamente na problemática do privilégio imobiliário geral. JOANA COSTEIRA[153] avança ainda com um outro exemplo concretizador da desigualdade que

150 MARIA DO ROSÁRIO PALMA RAMALHO, *Direito do Trabalho*. 3.ª Ed. revista e atualizada. Coimbra: Almedina, 2010. Vol. II. P. 474.

151 JOÃO LEAL AMADO é defensor de que o conceito de local de trabalho deve ser relativo ou elástico, podendo assumir uma amplitude ou extensão variáveis, precisamente para abranger as atividades dos motoristas, dos operários de construção civil, etc., para as quais o local de trabalho assume geometria variável, contudo é importante não cair numa total indeterminação do local de trabalho, não podendo o trabalhador obrigar-se a prestar trabalho em todo e qualquer lugar – JOÃO LEAL AMADO, *Contrato de Trabalho: noções básicas*. 3.ª Ed.. Coimbra: Almedina, 2019. P. 229.

152 Esta opinião é igualmente perfilhada pelo acórdão do TRP [em linha], de 22 de outubro de 2012 (proc. n.º 376/09.4TTVFR-B.P1), relatado pelo Desembargador João Diogo Rodrigues. [Consult. 02/12/2020]. Disponível em WWW: URL:http://www.dgsi.pt; acórdão do STJ [em linha], de 30 de maio de 2017 (proc. n.º 4118/15.7T8CBR-B.C1.S1), relatado pela Conselheira Ana Paula Boularot. [Consult. 02/12/2020]. Disponível em WWW: URL:http://www.direitoemdia.pt; acórdão do TRE [em linha], de 16 de abril de 2019 (proc. n.º 749/16.6T8OLH.E1), relatado pelo Desembargador José Manuel Barata. [consult. 02/12/2020]. Disponível em WWW: URL:http://www.direitoemdia.pt.

153 JOANA COSTEIRA, *Os Efeitos da Declaração Judicial de Insolvência no Contrato de Trabalho: a tutela dos créditos laborais*. 2.ª Ed.. Coimbra: Almedina, 2017. P. 128.

aqui temos vindo a referir, que se prende com os trabalhadores que laboram numa filial da empresa cujo imóvel é arrendado, face aos demais colegas que prestam a sua atividade na sede da empresa cujo imóvel é propriedade da entidade patronal.

Assim, podemos concluir que, o que releva para efeitos de local de trabalho, face à norma em análise, é a ligação existente entre a função do trabalhador e a atividade prosseguida pela empresa, e não o local físico onde momentaneamente ele presta a sua atividade, pois esta uma vez terminada, em determinado local, o trabalhador continua ao serviço da empresa.

Há, porém, jurisprudência defensora de que, ainda que o trabalhador não cumpra o ónus de alegar e provar que prestava a sua atividade naquele imóvel ou que há uma conexão entre a sua atividade e o imóvel, o trabalhador pode beneficiar do privilégio imobiliário especial, bastando para tanto que do processo constem factos dos quais seja possível extrair essa conclusão, por força do princípio da aquisição processual[154].

A questão que se coloca agora é: o privilégio do trabalhador incide unicamente no imóvel do empregador onde o trabalhador presta a sua atividade ou também sobre os restantes imóveis, propriedade do empregador, onde este tem a sua atividade laboral organizada?

No acórdão do TRP[155], estava em causa uma sociedade anónima insolvente cuja sede se localizava em Santa Maria da Feira, e detinha mais três imóveis localizados no Porto, onde se dedicava ao comércio e reparação de veículos. Os trabalhadores em causa tinham o seu posto de trabalho num dos imóveis, e os veículos encontravam-se depositados nos demais imóveis. Perante este

[154] Acórdão do STJ [em linha], de 07 de fevereiro de 2013 (proc. n.º 148/09.6TBPST-F.L1.S1), relatado pela Conselheira Maria dos Prazeres Pizarro Beleza. [Consult. 25/11/2020]. Disponível em WWW: URL:http://www.dgsi.pt; o TRC perfilha o mesmo entendimento, mas vai mais longe ao afirmar que o administrador da insolvência deve reconhecer créditos que não tenham sido reclamados, bem como garantias e privilégios que não tenham sido invocados pelos seus beneficiários – acórdão do TRC [em linha], de 16 de maio de 2017 (proc. n.º 923/11.1TBCTB-C.C2), relatado pela Desembargadora Maria João Areias. [Consult. 01/03/2021]. Disponível em WWW: URL:http://www.dgsi.pt; Cfr. em sentido contrário, Acórdão do TRP [em linha], de 8 de julho de 2008 (proc. n.º 0822486), relatado pela Desembargadora Cristina Coelho. [Consult. 02/12/2020]. Disponível em WWW: URL:http://www.direitoemdia.pt.

[155] Acórdão do TRP [em linha], de 10 de julho de 2019 (proc. n.º 4236/17.7T8OAZ-D.P1), relatado pela Desembargadora Fernanda Almeida. [Consult. 02/12/2020]. Disponível em WWW: URL:http://www.direitoemdia.pt.

caso, resulta claro para os Venerandos Juízes Desembargadores que o privilégio imobiliário dos trabalhadores recai igualmente sobre os imóveis onde se encontram os automóveis, ainda que os trabalhadores aí não estejam fisicamente a desempenhar a sua atividade, pois afinal de contas aqueles imóveis encontram-se afetos ao objeto social da insolvente.

Este é igualmente o entendimento sufragado, entre outros, no acórdão do TRC, de 27 de fevereiro de 2007[156], e no acórdão do TRL[157], de 18 de setembro de 2018, ou seja, o privilégio imobiliário especial do trabalhador é extensível a todo o património do devedor insolvente afeto à sua atividade, e não somente ao imóvel onde concretamente o trabalhador presta a sua atividade, entendimento com o qual concordámos.

2. Fundo de Garantia Salarial

A necessidade de criar o FGS residiu no facto de os privilégios creditórios, por vezes, se revelarem ineficazes à tutela dos créditos dos trabalhadores, sobretudo perante a eventual insuficiência de bens que constituem a massa insolvente.

No âmbito do instituto do FGS, o Estado assume um papel importantíssimo enquanto garante dos créditos dos trabalhadores, *«funcionando como uma espécie de fiador ope legis das obrigações emergentes do contrato de trabalho»*[158].

2.1. Evolução histórica

Olhando um pouco para a evolução histórica, podemos referir que, inicialmente, o FGS deu sinais de si na sequência do surgimento da Diretiva Comunitária n.º 80/987/CE, de 20 de outubro de 1980, relativa à aproximação das

[156] Acórdão do TRC [em linha], de 27 de fevereiro de 2007 (proc. n.º 530/04.5TBSEI-X.C1), relatado pelo Desembargador Ferreira de Barros. [Consult. 30/11/2020]. Disponível em WWW: URL:http://www.direitoemdia.pt.

[157] Acórdão do TRL [em linha], de 18 de setembro de 2018 (proc. n.º 25785/13.0T2SNT-B.L1-7), relatado pelo Desembargador Carlos Oliveira. [Consult. 30/11/2020]. Disponível em WWW: URL:http://www.direitoemdia.pt.

[158] João Leal Amado, *Contrato de Trabalho: noções básicas*. 3.ª Ed.. Coimbra: Almedina, 2019. P. 323.

legislações dos Estados Membros respeitantes à proteção dos trabalhadores assalariados em caso de insolvência do empregador, transposta para o nosso ordenamento jurídico por meio do DL n.º 50/85, de 27 de fevereiro.

O art.º 3º da referida Diretiva impunha aos Estados Membros a criação de instituições de garantia, que assegurassem o pagamento dos créditos em dívida aos trabalhadores assalariados emergentes de contratos de trabalho ou de relações de trabalho.

Por sua vez, o DL n.º 50/85, de 27 de fevereiro, criou um sistema de garantia salarial cujo desiderato era garantir aos trabalhadores o pagamento das suas retribuições não pagas pela entidade empregadora extinta, falida ou declarada insolvente, desde que tal declaração implicasse a cessação do contrato de trabalho (art.º 1º do DL n.º 50/85, de 27 de fevereiro).

Todavia, tal diploma legal suscitava diversas dúvidas quanto à sua compatibilidade com a Diretiva 80/987/CE, de 20 de outubro de 1980.

Desde logo, o art.º 1º do DL n.º 50/85 previa como requisito de intervenção da instituição de garantia a cessação do contrato de trabalho. Já a Diretiva não referia em momento algum a necessidade de cessação do contrato de trabalho, referindo-se somente, nos seus arts. 3º, n.º 2, e 4º, à cessação do contrato de trabalho como um dos possíveis momentos para o vencimento da remuneração dos trabalhadores pela qual a instituição de garantia responde[159].

Outra dúvida suscitada tinha que ver com os créditos garantidos pelo Fundo. Enquanto o DL n.º 50/85 tinha por objeto o pagamento das retribuições devidas e não pagas, a Diretiva aplicava-se aos créditos dos trabalhadores assalariados emergentes de contratos de trabalho, abrangendo assim créditos remuneratórios, indemnizatórios e compensatórios. Ora, daqui resulta que o âmbito de aplicação do referido diploma legal era bem mais restrito do que o âmbito de aplicação da Diretiva Comunitária, visto que aquele prevê apenas a garantia dos créditos remuneratórios, não sendo isso que se pretendia com a Diretiva[160].

O DL n.º 50/85, de 27 de fevereiro, face às contradições existentes entre si e a Diretiva, foi, entretanto, revogado pelo DL n.º 219/99, dando origem

159 Joana Costeira, *Os Efeitos da Declaração Judicial de Insolvência no Contrato de Trabalho: a tutela dos créditos laborais*. 2.ª Ed.. Coimbra: Almedina, 2017. P. 139.

160 *Ibidem*. P.139.

ao chamado Fundo de Garantia Salarial que, em caso de incumprimento da entidade patronal, assegurava aos trabalhadores os pagamentos dos créditos emergentes de contrato de trabalho.

O DL n.º 219/99 procedeu à eliminação da cessação do contrato de trabalho como pressuposto de intervenção do FGS e passou a estender a garantia aos créditos indemnizatórios e compensatórios[161].

Mais tarde, a Diretiva 80/987/CEE foi alterada pela Diretiva 2002/74/CE, de 23 de setembro. Esta Diretiva veio alterar alguns aspetos da anterior, designadamente a definição de estado de insolvência, o reforço da proteção concedida aos trabalhadores a termo ou numa relação de trabalho temporário e a regulamentação das situações de insolvência transnacionais.

Aquele DL n.º 219/99 foi posteriormente revogado pela Lei n.º 99/2003, que aprovou o Código do Trabalho de 2003, passando o FGS a estar regulado na Lei n.º 35/2004, de 29 de julho, nos seus arts. 316º ss. *ex vi* art.º 380º do CT de 2003.

Nesta fase, e focados agora na ordem jurídica portuguesa, a finalidade do FGS era assegurar ao trabalhador o pagamento dos créditos emergentes do contrato de trabalho e da sua violação ou cessação, em caso de incumprimento do empregador, nas situações em que ele seja judicialmente declarado insolvente ou em que se tivesse iniciado o procedimento de conciliação previsto no DL n.º 316/98, de 20 de outubro[162] (arts. 317º e 318º, n.os 1 e 2 da Lei n.º 35/2004, de 29 de julho).

Os créditos abrangidos pelo FGS seriam aqueles que se tivessem vencido nos seis meses anteriores à data da instauração da ação especial de insolvência ou à instauração do processo especial de conciliação (art.º 319º, n.º 1 da Lei n.º 35/2004, de 29 de julho), sendo que o FGS apenas assegurava o pagamento dos créditos reclamados até três meses antes da respetiva prescrição (art.º 319º, n.º 2 da Lei n.º 35/2004, de 29 de julho).

Quanto ao limite das importâncias pagas, à luz do art.º 320º, n.º 1 da Lei n.º 35/2004, de 29 de julho, os créditos seriam pagos até ao montante

[161] *Ibidem*. P. 140.

[162] Este DL instituía um procedimento extrajudicial para viabilização de empresas em situação de insolvência ou em situação económica difícil.

equivalente a seis meses de retribuição, não podendo ultrapassar três salários mínimos nacionais.

Mais tarde, surgiu a Lei n.º 7/2009, de 12 de fevereiro, que aprova o Código do Trabalho de 2009, estabelecendo no seu art.º 12º, n.º 6, al. o) que os arts. 317º a 326º da Lei n.º 35/2004, de 29 de julho, seriam revogados a partir da entrada em vigor do diploma que regulasse a respetiva matéria.

Atualmente, está então em vigor o DL n.º 59/2015, de 21 de abril, que altera o anterior regime, e aprova o regime do FGS previsto no art.º 336º do atual CT, transpondo para a ordem jurídica portuguesa a Diretiva n.º 2008/94/CE, de 22 de outubro de 2008 (substituta da anterior Diretiva), relativa à proteção dos trabalhadores assalariados em caso de insolvência do empregador.

Significa isto que até à entrada em vigor do DL n.º 59/2015, de 21 de abril, a 4 de maio de 2015, vigorou o regime previsto nos arts. 317º a 326º da Lei n.º 35/2004, de 29 de julho.

No preâmbulo do DL n.º 59/2015 pode ler-se o seguinte:

> *«O Fundo de Garantia Salarial (FGS), criado pelo Decreto-Lei n.º 219/99, de 15 de junho, surgiu como um Fundo que, em caso de incumprimento pela entidade patronal, assegurava aos trabalhadores o pagamento de créditos emergentes do contrato de trabalho. Já a sua génese estava garantida pelo Decreto-Lei n.º 50/85, de 27 de fevereiro, que instituiu um sistema de garantia salarial com o objetivo de garantir aos trabalhadores o pagamento das retribuições devidas e não pagas pela entidade empregadora declarada extinta, falida ou insolvente. O artigo 336.º do Código do Trabalho, aprovado pela Lei n.º 7/2009, de 12 de fevereiro, prevê que o pagamento de créditos emergentes de contrato de trabalho ou da sua violação ou cessação, que não possam ser pagos pelo empregador, por motivo de insolvência ou de situação económica difícil, é assegurado pelo FGS, nos termos previstos em legislação específica. A referida legislação específica encontra-se atualmente dispersa. Com efeito, os aspetos substantivos do FGS encontram-se previstos nos artigos 317.º a 326.º da Regulamentação do Código do Trabalho, aprovada pela Lei n.º 35/2004, de 29 de julho, alterada pela Lei n.º 9/2006, de 20 de março, pelo Decreto-Lei n.º 164/2007, de 3 de maio, e pela Lei n.º 59/2008, de 11 de setembro, os quais têm natureza provisória e vigoram apenas até à aprovação do diploma específico que regulamente o Fundo [alínea o) do n.º 6 do*

artigo 12.º da Lei n.º 7/2009, de 12 de fevereiro]. Já os aspetos organizativos, financeiros e procedimentais encontram-se previstos no Regulamento do FGS, aprovado em anexo ao Decreto-Lei n.º 139/2001, de 24 de abril.Constata-se, assim, a necessidade de unificação do regime jurídico do FGS, o que se faz através do presente decreto-lei, que aprova o novo regime do Fundo de Garantia Salarial».

Do acabado de expor resulta que o fundamento da criação do DL n.º 59/2015, de 21 de abril, reside na necessidade de unificar todo o regime do FGS, até então disperso por diversos diplomas.

2.2. O regime do Fundo de Garantia Salarial vigente

Por força da necessidade existente de tutelar os créditos dos trabalhadores, resulta do art.º 3º, 1º parágrafo da Diretiva n.º 2008/94/CE que as instituições de garantia criadas por cada um dos Estados-membros asseguram os créditos emergentes de contrato de trabalho, incluindo as indemnizações pela cessação da relação de trabalho. Vale isto por dizer que, o FGS cobre os créditos remuneratórios, indemnizatórios e compensatórios, salvo os créditos compensatórios cuja garantia caiba a outros fundos, designadamente, ao Fundo de Compensação de Trabalho, ao Fundo de Garantia de Compensação de Trabalho ou ao Mecanismo Equivalente.

O art.º 4 da Diretiva, por sua vez, confere a oportunidade aos Estados-membros de balizar o período temporal dos créditos em relação aos quais o FGS assume o pagamento, contudo esse período não pode ser inferior ao período relativo à remuneração dos últimos três meses da relação de trabalho anterior e/ou posterior à data de referência fixada pelos Estados-membros nos termos do art.º 3º, 2.º parágrafo da Diretiva (art.º 4º, n.º 2, 1º parágrafo). Quanto aos limites máximos, estabelece o art.º 4º, n.º 3, 1º parágrafo, que esses limites não devem ser inferiores a um limiar socialmente compatível com o objetivo social da Diretiva.

Bem se compreende a faculdade concedida pela Diretiva aos Estados-membros de limitarem a sua obrigação de pagamento no tempo e estabelecerem limites máximos aos pagamentos, pois assim evita-se a oneração excessiva de tal organismo.

O art.º 336º do CT remete para o DL n.º 59/2015, de 21 de abril (doravante designado NRFGS), quando esteja em causa o pagamento de créditos do trabalhador, retributivos e também emergentes da violação ou cessação do contrato de trabalho, que não possam ser pagos pelo empregador com fundamento em insolvência ou situação económica difícil.

Por sua vez, este DL n.º 59/2015, de 21 de abril, estabelece, desde logo, determinados pressupostos que têm de ser observados para que o FGS cubra os créditos dos trabalhadores.

Para que o Fundo opere é necessário, do lado do empregador, que seja proferida sentença de declaração de insolvência; despacho do juiz a designar o administrador judicial provisório, em caso de processo especial de revitalização; ou despacho de aceitação do requerimento proferido pelo IAPMEI – agência para a competitividade e inovação – no âmbito do procedimento extrajudicial de recuperação de empresas (art.º 1º, n.º 1, als. a) a c) do NRFGS).

Do lado do trabalhador, deverá existir um contrato de trabalho cuja atividade seja desenvolvida em território português, aqui se incluindo a atividade desenvolvida em território nacional ao serviço de empregador com atividade em outros Estados-membros, ainda que o empregador seja declarado insolvente por tribunal ou autoridade competente de outro Estado-membro (art.º 1º, n.º 3 NRFGS), e têm de existir créditos laborais vencidos e não pagos[163].

Quanto aos créditos abrangidos pelo FGS, o art.º 2º, n.º 4 do NRFGS estabelece que o Fundo assegura o pagamento dos créditos remuneratórios, indemnizatórios e compensatórios, vencidos nos seis meses anteriores à propositura da ação de insolvência ou à apresentação do requerimento no processo especial de revitalização ou do requerimento do procedimento extrajudicial de recuperação de empresas.

Caso não existam créditos vencidos no período indicado ou o seu montante seja inferior ao limite máximo global equivalente a seis meses de retribuição, o Fundo assegura o pagamento, até àquele limite, de créditos vencidos após o período de referência (art.º 2º, n.º 5 do NRFGS), por exemplo, créditos

[163] Natália Alexandra Fernandes da Silva, *O Novo Regime Jurídico do Fundo de Garantia Salarial* [em linha]. Barcelos: Instituto Politécnico do Cávado e do Ave, 2016. P. 16. Dissertação de Mestrado. [Consult. 07/12/2020]. Disponível em WWW: http://ciencipca.ipca.pt/bitstream/11110/1240/1/O%20Novo%20Regime%20Jur%C3%ADdico%20do%20Fundo%20de%20Garantia%20Salarial.pdf.

indemnizatórios originados em sentenças que declaram o despedimento ilícito.

Nos termos do art.º 2º, n.º 8 do NRFGS, o Fundo assegurará o pagamento dos créditos quando o requerimento, previsto no art.º 5º do NRFGS, seja feito até um ano a partir do dia seguinte àquele em que cessou o contrato de trabalho.

A propósito do art.º 2º, n.ºs 4 e 8 do NRFGS, há um importante acórdão no qual teremos de atentar. O TC, no seu acórdão n.º 152/2020[164], decidiu não julgar inconstitucional a norma que estabelece que o Fundo assegura o pagamento de créditos do trabalhador emergentes do contrato de trabalho ou da sua violação ou cessação vencidos nos seis meses anteriores à propositura da ação de insolvência, decorrente do art.º 2º, n.º 4 do NRFGS. Não podemos concordar com tal entendimento. Atentemos no seguinte caso: o empregador não paga os salários a determinado trabalhador e este decide resolver o contrato de trabalho intentando a competente ação no tribunal de trabalho para obter o pagamento dos seus créditos. Obtida a sentença que condena o empregador ao pagamento dos direitos do trabalhador, este intenta ação executiva, e, perante essa e outras circunstâncias, o empregador decide requerer a sua insolvência. Ora, pode acontecer que o lapso temporal decorrido entre a instauração da ação pelo trabalhador e a instauração da ação de insolvência pelo empregador seja superior a seis meses, o que faz com que nos seis meses anteriores à propositura da ação de insolvência não se tenham vencido créditos e, consequentemente, à luz do art.º 2º, n.º 4 do NRFGS, nada seja devido pelo Fundo, o que configura um atentado à natureza de direitos, liberdades e garantias conferido ao direito à retribuição (art.º 59º, n.º 1, al. a) da CRP), bem como ao princípio da igualdade de tratamento (art.º 13º da CRP). Assim, somos da opinião de que, partindo da análise dos arts. 3º e 4º da Diretiva 2008/94/CE, o art.º 2º, n.º 4 do NRFGS deveria prever um período mínimo de garantia correspondente aos últimos três meses da relação de trabalho, ainda que esses três meses não se insiram no período de referência de seis meses. O facto de no art.º 2º, n.º 5 do NRFGS se prever

[164] Acórdão do TC [em linha], de 4 de março de 2020 (proc. n.º 544/2019), relatado pela Conselheira Maria de Fátima Mata-Mouros. [Consult. 07/12/2020]. Disponível em WWW: URL:http://www.tribunalconstitucional.pt.

a possibilidade de, não havendo créditos vencidos no período de referência, o Fundo assegurar o pagamento de créditos vencidos após esse período, não é suscetível de sanar a falta de tutela que apontámos.

No acórdão apontado, o TC decidiu ainda julgar inconstitucional a norma nos termos da qual o prazo de um ano, a partir do dia seguinte àquele em que cessou o contrato de trabalho, para requerer o pagamento dos créditos laborais é de caducidade e não sujeito a qualquer interrupção ou suspensão, decorrente da interpretação do art.º 2.º, n.º 8 do NRFGS. Ora, sendo pressuposto da atuação do Fundo a prolação da sentença de declaração de insolvência, o TC fundamentou, e bem, a sua decisão no facto de os trabalhadores não poderem ver a sua pretensão comprometida pelo facto de o processo de insolvência, por vezes, ser moroso devido a vicissitudes processuais, como é o caso de um maior fluxo de trabalho do juiz ou da duração das sessões de julgamento, algo alheio ao trabalhador.

O art.º 5º, n.º 2 do NRFGS elenca os documentos que devem instruir o requerimento do trabalhador, designadamente: declaração ou cópia autenticada comprovativa dos créditos reclamados pelo trabalhador, emitida pelo administrador da insolvência ou pelo administrador judicial provisório; declaração comprovativa da natureza e montante dos créditos em dívida declarados no requerimento pelo trabalhador, quando não seja parte constituída, emitida pelo empregador; declaração de igual conteúdo à precedente emitida pela Autoridade para as Condições do Trabalho, nos casos em que não seja possível a obtenção dos anteriores documentos.

Assim, segundo Maria Adelaide Domingos, resulta claro do normativo invocado que, para que o FGS efetue o pagamento, não é necessária a existência de uma sentença que reconheça os créditos em crise, sendo irrelevante se a extinção do contrato ocorreu antes da declaração de insolvência e qual a razão. Com efeito, conforme o entendimento preconizado por aquela Autora, o trabalhador despedido que considera tê-lo sido ilicitamente, mas ainda não obteve sentença condenatória do empregador na indemnização devida – e já que os documentos acima assinalados (declaração emitida pelo empregador ou pela Autoridade para as Condições do Trabalho) se podem afigurar de difícil obtenção – deverá reclamar os seus créditos no processo de insolvência, obtendo posteriormente cópia autenticada ou certidão dessa mesma reclamação e enviando-a juntamente com o requerimento dirigido ao FGS[165]. Nestes termos, basta uma declaração ou cópia autenticada de documento comprovativo dos créditos reclamados pelo trabalhador, elaborada pelo administrador da insolvência, o que é suficiente, visto que não resulta da leitura do art.º 5º, n.º 2 do NRFGS a necessidade da existência de uma sentença judicial comprovativa da existência dos créditos reclamados pelo trabalhador. De facto, a certificação feita pelo administrador da insolvência fornece a garantia de que o crédito foi reclamado e reconhecido[166].

Atente-se no art.º 387º, n.º 1 do CT, o qual estabelece que a licitude do despedimento apenas pode ser apreciada por decisão judicial. Assim, a reclamação de créditos no processo de insolvência equivalerá à ação a intentar pelo trabalhador para obter decisão de reconhecimento do seu crédito indemnizatório, sendo que a indemnização devida deverá constar da relação de créditos prevista no art.º 129º do CIRE[167].

Se o administrador da insolvência não reconhecer tal crédito, os trabalhadores poderão impugnar essa decisão nos termos do art.º 130º.

Ainda quanto a este crédito indemnizatório, o juiz não está vinculado ao parecer do administrador da insolvência, pois a fixação dos dias de retribuição é feita pelo tribunal, conforme resulta do art.º 391º do CT. Nestes termos, o juiz pode fixar o montante do crédito indemnizatório em moldes diversos do fixado pelo administrador da insolvência[168].

Porém, o entendimento do FGS e dos Tribunais Administrativos tem sido em sentido diverso, porquanto estes consideram que a declaração do

165 Maria Adelaide Domingos, A Tutela dos Créditos Laborais através do Fundo de Garantia Salarial. In António Moreira (coord.), *XI e XII Congresso Nacional de Direito do Trabalho: Memórias*. Coimbra: Almedina, 2009. P. 265.

166 Acórdão do TRG [em linha], de 14 de maio de 2020 (proc. n.º 4809/19.3T8VNF.G1), relatado pelo Desembargador Espinheira Baltar. [Consult. 25/01/2021]. Disponível em WWW: URL:http://www.direitoemdia.pt; acórdão do TRP [em linha], de 15 de junho de 2020 (proc. n.º 8950/18.1T8VNG-H.P1), relatado pela Desembargadora Eugénia Cunha. [Consult.08/04/2021]. Disponível em WWW: URL:http://www.dgsi.pt.

167 Maria José Costeira e Fátima Reis Silva, Classificação, Verificação e Graduação de Créditos no CIRE – em especial os créditos laborais. *Prontuário de Direito do Trabalho*. Coimbra: Coimbra Editora. N.os 76, 77 e 78 (janeiro-dezembro 2007). P. 370.

168 Cfr. neste sentido, Maria José Costeira e Fátima Reis Silva, Classificação, Verificação e Graduação de Créditos no CIRE – em especial os créditos laborais. *Prontuário de Direito do Trabalho*. Coimbra: Coimbra Editora. N.os 76, 77 e 78 (janeiro-dezembro 2007). P. 371.

administrador da insolvência pode ser prematura[169], sendo, portanto, indispensável uma sentença que reconheça a ilicitude do despedimento e, consequentemente, o crédito indemnizatório, sentença essa que não será mais do que a de verificação e graduação de créditos, devendo esta existir *ab initio* com o pedido de pagamento apresentado junto do FGS[170].

Na prática, e por uma questão de cautela, deverá juntar-se a sentença de verificação e graduação de créditos ao requerimento, porque é frequente o FGS recusar o pagamento integral ou, pelo menos, parcial dos créditos na ausência de tal sentença.

Na eventualidade de o prazo para requerer o pagamento dos créditos ao FGS estar a terminar, poder-se-á juntar a declaração do administrador da insolvência, que acima enunciamos, juntamente com o requerimento, sem prejuízo da junção posterior, mas antes da prolação da decisão do Fundo, da sentença de verificação e graduação de créditos.

Resumidamente, no que diz respeito à petição de créditos ao FGS, a distinção entre créditos sobre a massa insolvente e créditos sobre a insolvência é irrelevante.

Concretizando, se o destino da empresa for o encerramento definitivo, o administrador da insolvência procede aos despedimentos *ab initio*, e desta forma os trabalhadores terão tempo suficiente para peticionar os seus créditos ao FGS com todos os papéis necessários. Caso os trabalhadores só mais tarde venham a ser despedidos, terão créditos sobre a massa insolvente, mas que devem ser reclamados igualmente nos termos do art.º 128º do CIRE como condicionais, isto é, condicionados ao despedimento.

Quanto aos limites das importâncias pagas pelo FGS, estes estão previstos no art.º 3º, n.º 1 do NRFGS, segundo o qual o limite máximo global corresponde a seis meses de retribuição, e o limite máximo mensal corresponde a três salários mínimos nacionais. Vale isto por dizer que o limite máximo global

169 Acórdão do TCAN [em linha], de 27 de abril de 2012 (proc. n.º 02653/09.5BEPRT), relatado pelo Desembargador José Augusto Araújo Veloso. [Consult. 26/01/2021]. Disponível em WWW: URL:http://www.direitoemdia.pt.

170 Acórdão do TCAN [em linha], de 03 de novembro de 2017 (proc. n.º 02222/14.8BEBRG), relatado pela Desembargadora Alexandra Alendouro. [Consult. 25/01/2021]. Disponível em WWW: URL:http://www.dgsi.pt; acórdão do TCAN [em linha], de 02 de julho de 2015 (proc. n.º 01826/11.5BEPRT), relatado pela Desembargadora Helena Ribeiro. [Consult. 25/01/2021]. Disponível em WWW: URL:http://www.direitoemdia.pt.

corresponde a seis vezes o triplo da retribuição mínima mensal garantida, isto é, equivale a 18 meses de salário mínimo nacional[171].

Nos termos do art.º 2º, n.º 2 do NRFGS, aos créditos assegurados pelo FGS ao trabalhador são deduzidas as contribuições fiscais e para a Segurança Social.

O FGS não paga a totalidade dos créditos que lhe são requeridos, podendo mesmo recusar-se a pagar os créditos requeridos quando verifique a existência de uma situação de abuso, ou pode reduzir o valor dos mesmos caso verifique desconformidade entre os montantes requeridos e a média dos valores constantes das declarações de remunerações dos 12 meses anteriores à data do requerimento, quando estas se referem a remuneração efetivamente auferida (art.º 7º do NRFGS).

O FGS tem personalidade e capacidade judiciárias (art.º 15º do NRFGS), funcionando a sua sede em Lisboa (art.º 16º do NRFGS).

No ordenamento jurídico espanhol, este instituto tem o nome de *Fondo de Garantía Salarial* ou FOGASA. Atualmente, vem previsto no art.º 33º do *Real Decreto Legislativo* 2/2015, de 23 de *octubre*, que aprova a Lei do Estatuto do Trabalhador, e no *Real Decreto* 505/1985, de 6 de *marzo*, relativo à organização e funcionamento do *Fondo de Garantía Salarial*.

O FOGASA é um organismo vinculado ao Ministério do Trabalho e da Segurança Social, que procederá ao pagamento aos trabalhadores dos seus créditos laborais provenientes da cessação do contrato de trabalho, créditos esses que não são possíveis de assegurar pelo empregador insolvente devido às suas dificuldades económicas.

Quanto à evolução deste instituto em Espanha, pode afirmar-se que este surgiu pela primeira vez na *Ley de Relaciones Laborales* de 1976, no seu art.º 31º, acabando por ir ao encontro daquilo que se pretendia na Diretiva comunitária 80/987/CEE, que surgiu mais tarde[172].

Para que se possa acionar o FOGASA, é necessário que se verifiquem alguns requisitos: desde logo, tem de estar a decorrer processo de insolvência

[171] Acórdão do TCAN [em linha], de 03 de novembro de 2017 (proc. n.º 02222/14.8BEBRG), relatado pela Desembargadora Alexandra Alendouro. [Consult. 25/01/2021]. Disponível em WWW: http://www.dgsi.pt.

[172] Antonio V. Sempere Navarro (coord.) [et al.], *Comentarios al Estatuto de los Trabajadores*. 9ª Ed.. Pamplona: Arazandi, 2013. Pp. 368 e 369.

ou existir já declaração de insolvência do empregador, entendido conforme o art.º 1º, n.º 2 ET. Os trabalhadores, por seu turno, têm de ser titulares de créditos laborais resultantes de vínculos que os liguem aos empregadores elencados no art.º 11 do Real Decreto 505/1985 (art.º 13º do *Real Decreto* 505/1985).

O FOGASA goza de inúmeros recursos financeiros, no entanto tem especial destaque, no nosso caso, as contribuições feitas pelos empregadores, públicos ou privados, sendo que tais contribuições serão arrecadadas conjuntamente com as contribuições a serem pagas à Segurança Social (art.º 3º, art.º 11, n.º 1, al. a) e art.º 12º, n.º 2 do *Real Decreto* 505/1985).

Segundo o art.º 33º, n.º 7 ET e o art.º 21º do *Real Decreto* 505/1985, o prazo de prescrição para reclamar os créditos laborais ao FOGASA é de um ano a contar da data do ato de conciliação, sentença, despacho ou resolução da autoridade do trabalho em que se reconheçam os salários em dívida e se fixe o montante da indemnização, podendo o mesmo ser interrompido para o exercício de ações executivas e das ações de reconhecimento dos créditos laborais em processo de insolvência.

A responsabilidade assumida pelo FOGASA no ordenamento jurídico espanhol é subsidiária, pois o FOGASA apenas pagará os créditos laborais se a entidade empregadora não os pagar (art.º 33º, n.º 1 ET).

Assim, o FOGASA será responsável subsidiariamente pelo pagamento dos salários em dívida, aqui se incluindo os "salarios de tramitación" – retribuições devidas desde o despedimento considerado ilícito – (art.º 33, n.º 1 ET), bem como pelas indemnizações resultantes da extinção do contrato de trabalho por vontade do empregador (art.º 50º ET); pelas indemnizações resultantes de despedimento coletivo (art.º 51º ET); extinção do contrato por causas objetivas (art.º 52º ET); rescisão do contrato por mobilidade geográfica (art.º 40º, n.º 1 ET); rescisão do contrato pela modificação substancial das condições de trabalho; resolução do contrato derivado dos arts. 181º e 182º da *Ley Concursal*; indemnizações pela cessação de contratos temporários; pelo despedimento sem justa causa (art.º 56º ET). Tudo isto resulta do art.º 33º, n.ºs 1 e 2 ET.

No entanto, os créditos indemnizatórios originados em despedimento coletivo por força maior (art.º 51º, n.º 7 ET) são assegurados diretamente pelo FOGASA, desde que a autoridade do trabalho concorde em exonerar o empregador, sem que, em tal caso, seja necessária a declaração prévia de insolvência do empregador (art.º 17º do *Real Decreto* 505/1985). O montante destas indemnizações cifra-se em vinte dias de salário por ano de serviço (não podendo ultrapassar o dobro do salário mínimo), com o limite de uma anuidade.

Quanto aos limites das quantias asseguradas pelo FOGASA, começando pelo salário, o art.º 33º, n.º 1 ET estabelece que deverá ser pago o montante resultante da multiplicação de duas vezes o salário mínimo diário, incluindo a parte proporcional de pagamentos extraordinários, pelo número de dias de salário em dívida, nunca podendo exceder os 4 meses, sendo que estes 4 meses já correspondem ao salário real e não ao salário mínimo diário[173].

Em relação à indemnização, o seu limite máximo é um ano de salários, exceto no caso do art.º 41, n.º 3 ET em que o limite máximo será de 9 salários, tendo por base de cálculo o salário diário, que não poderá ser superior ao dobro do salário mínimo diário, incluindo a parte proporcional dos pagamentos extraordinários. Nos casos previstos nos arts. 50º e 56º ET, o valor da indemnização será calculado tendo por base 30 dias por ano de serviço.

No caso de processos de insolvência, a indemnização a pagar pelo FOGASA calcula-se tendo por base 20 dias por ano de serviço, com o limite máximo de uma anuidade, sendo que, também aqui, o salário diário não pode ultrapassar o dobro do salário mínimo, incluindo a parte proporcional das remunerações extraordinárias (art.º 33º, n.º 3 ET).

A respeito do início do procedimento, o art.º 22º do *Real Decreto* 505/1985, de 6 de *marzo*, estabelece que o requerimento de pagamento poderá ser feito oficiosamente pela Secretaria Geral ou pela respetiva unidade administrativa periférica, ou pelos interessados, entendendo-se aqui por interessados os trabalhadores.

Também no ordenamento jurídico espanhol, quando o FOGASA procede ao pagamento dos créditos laborais devidos ao trabalhador fica sub-rogado na posição deste último, passando a assumir a posição de credor privilegiado nos termos do art.º 32º ET (art.º 33º, n.º 4 ET e arts. 2º, n.º 4 e 30º, n.º 3, ambos do *Real Decreto* 505/1985, de 6 de *marzo*), sendo que subsistindo créditos dos trabalhadores e créditos do FOGASA serão atendidos na proporção dos respetivos valores.

[173] Antonio V. Sempere Navarro (coord.) [et al.], *Comentarios al Estatuto de los Trabajadores*. 9ª Ed.. Pamplona: Arazandi, 2013. P. 373.

Independentemente de o FOGASA poder exercer ações judiciais que cabiam aos trabalhadores para o reembolso rápido e eficaz dos montantes pagos, poderá exigir que as empresas insolventes os devolvam marcando dia e hora para o empregador comparecer na secretaria geral ou na unidade administrativa periférica que instruiu o processo (art.º 31º do *Real Decreto* 505/1985).

O art.º 32º do Real Decreto estabelece a possibilidade de o FOGASA estabelecer acordos de reembolso do valor com a entidade empregadora.

O FOGASA pode ainda ser adjudicatário de todo o tipo de bens da entidade empregadora, através de leilão ou cessão do devedor ou de terceiro, com a finalidade de pagar a dívida (art.º 33º, n.º 1 do *Real Decreto* 505/1985).

2.3. A questão da sub-rogação legal

A sub-rogação consiste na substituição do credor por um terceiro que cumpre a obrigação em lugar do devedor ou que lhe faculta os meios necessários a tal, passando a ser titular do direito a uma prestação fungível. Assim, se o terceiro paga 500, será credor de 500, portanto ficará sub-rogado na medida daquilo que cumpriu[174].

Na Lei n.º 35/2004, de 29 de julho, o art.º 322º tratava a questão da sub-rogação legal do FGS, ou seja, satisfeitos os créditos dos trabalhadores na medida acima enunciada, o FGS ficaria sub-rogado nos direitos de crédito e respetivas garantias, designadamente, conforme enuncia o art.º 333º do CT, os privilégios creditórios mobiliários gerais e imobiliários especiais de que os trabalhadores são titulares, na medida dos pagamentos efetuados.

Trata-se de uma verdadeira sub-rogação legal, porquanto esta ocorre *ope legis*, independentemente da vontade das partes.

A verdade é que o FGS não paga a totalidade dos créditos dos trabalhadores, acabando por limitar aqueles pelos quais se responsabiliza temporalmente e quantitativamente. É, portanto, normal que os trabalhadores se mantenham credores no processo de insolvência em relação ao remanescente dos seus créditos.

Assim, e perante o exposto, existiram três teorias quanto à solução a dar perante uma situação de confronto entre os créditos do FGS e o remanescente

[174] Antunes Varela, *Das obrigações em geral*. 7.ª Ed.. Coimbra: Almedina, 2013. Vol. II. P. 336.

dos créditos dos trabalhadores: uma primeira, sustentada no art.º 593º, n.º 2 do CC, nos termos da qual, a sub-rogação não prejudica os direitos do credor, no caso de satisfação parcial, salvo estipulação em contrário. De facto, subjacente a esta norma está o brocado latino *"nemo contra se subrogasse censetur"*, segundo o qual se presume que se o credor originário aceita um pagamento parcial, quererá ser preferido ao terceiro que assume o pagamento de parte do crédito. Assim, nesta linha de entendimento, os créditos dos trabalhadores deveriam ser graduados com preferência em relação aos créditos do FGS[175].

Uma segunda teoria defendeu que o Fundo vai passar a assumir a posição dos trabalhadores a partir do momento em que lhes antecipa o pagamento, gozando assim das garantias de que aqueles são titulares e, por isso, deve ser pago com preferência, procedendo-se depois ao pagamento rateado dos créditos laborais[176].

Esta segunda teoria foi refutada pelo acórdão do TRG, de 28 de fevereiro de 2013[177], no qual se defendia que os créditos dos trabalhadores e o crédito do FGS deviam ser graduados a par, isto porque, em primeiro lugar, não existe qualquer norma da qual possa resultar que em caso de confronto entre os créditos dos trabalhadores e os créditos do FGS estes têm preferência em relação àqueles. Ademais,

> *«Pela sub-rogação, o Fundo de Garantia Salarial fica legitimado a exigir judicialmente do devedor as importâncias por si satisfeitas aos trabalhadores e a fazer-se valer do privilégio creditório de que tais, por si satisfeitos, créditos beneficiam (privilégio que acompanha os créditos), mas tal não significa que o privilégio de que goza o FGS tenha preferência no confronto com os créditos*

[175] Acórdão do TRP [em linha], de 14 de julho de 2010 (proc. n.º 147/08.5TBLSD-D.P1), relatado pela Desembargadora Maria de Deus Correia. [Consult. 04/12/2020]. Disponível em WWW: URL:HTTP://www.direitoemdia.pt. Na doutrina, cfr. MIGUEL LUCAS PIRES, *Dos privilégios creditórios: regime jurídico e sua influência no concurso de credores*. 2.ª Ed.. Coimbra: Almedina, 2015. Pp. 267-270.

[176] Acórdão do TRP [em linha], de 17 de fevereiro de 2009 (proc. n.º 0827363), relatado pelo Desembargador Cândido Lemos. [Consult. 04/12/2020]. Disponível em WWW: URL:http://www.direitoemdia.pt.

[177] Acórdão do TRG [em linha], de 28 de fevereiro de 2013 (proc. n.º 1129/06.7TBGMR-L.G1), relatado pela Desembargadora Rita Romeira. [Consult. 09/12/2020]. Disponível em WWW: URL:http://www.direitoemdia.pt.

> *remanescentes dos trabalhadores, pois que os créditos remanescentes destes mantêm o mesmo privilégio».*

Para uma terceira teoria, a qual passou a ser sufragada pela maioria da jurisprudência, satisfeito parcialmente o crédito dos trabalhadores pelo FGS, o remanescente do crédito será graduado a par do crédito que o Fundo passa a deter por sub-rogação legal, pois o FGS gozará dos mesmos privilégios creditórios que os trabalhadores, sem que isso prejudique o credor originário[178].

Afirma-se o seguinte no douto acórdão do TRP, de 23 de abril de 2013[179]:

> *«É certo que o crédito (parcial) do trabalhador e o crédito que adveio ao FGS (sub-rogado), apesar da sua fragmentação continuam a manter a sua primordial interligação, pois que se completam mutuamente. Sendo que configuração unitária é de real relevância e não pode ser desconsiderada nos subsequentes momentos jurídico-processuais. Daí que tais créditos fragmentados não podem futuramente confrontarem-se entre si, por forma a um prevalecer sobre o outro do ponto de vista do seu pagamento. Ou seja, a posição do trabalhador – credor originário – não se agrava com a sub-rogação parcial do FGS – este não pode ficar, em virtude da sub-rogação e da concorrência com o sub-rogado, FGS, em situação pior do que aquela em que estaria caso não existisse a sub--rogação».*

[178] Acórdão do STJ [em linha], de 20 de outubro de 2011 (proc. n.º 703/07.9TYVNG.P1.S1), relatado pelo Conselheiro Silva Gonçalves. [Consult. 05/12/2020]. Disponível em WWW: URL:http://www.direitoemdia.pt; acórdão do TRP [em linha], de 16 de setembro de 2014 (proc. n.º 857/09.0TBVFR-I.P1), relatado pelo Desembargador João Diogo Rodrigues. [Consult. 09/12/2020]. Disponível em WWW: URL:http://www.direitoemdia.pt; acórdão do TRC [em linha], de 5 de novembro de 2013 (proc. n.º 128/11.1TBACN-D.C1), relatado pelo Desembargador José Avelino Gonçalves. [Consult. 09/12/2020]. Disponível em WWW: URL:http://www.direitoemdia.pt; na doutrina, cfr. MIGUEL LUCAS PIRES, *Dos privilégios creditórios: regime jurídico e sua influência no concurso de credores*. 2.ª Ed.. Coimbra: Almedina, 2015. P. 70.

[179] Acórdão do TRP [em linha], de 23 de abril de 2013 (proc. n.º 357/2000.P2), relatado pela Desembargadora Anabela Dias da Silva. [Consult. 05/12/2020]. Disponível em WWW: URL:http://www.direitoemdia.pt.

No acórdão do TRC, de 22 de março de 2011[180], avança-se com um outro argumento para afastar a primeira tese, que defende a aplicação do art.º 593º, n.º 2 do CC, chamando-se à atenção para os casos dos trabalhadores que não requereram o pagamento ao FGS os quais, por inexistir qualquer sub-rogação, não podem gozar da tutela conferida pelo art.º 593º, n.º 2 do CC, o que leva a que os seus créditos, que gozam dos mesmos privilégios creditórios dos restantes trabalhadores, sejam graduados abaixo desses trabalhadores a par com os créditos do FGS.

Atualmente, a sub-rogação legal vem prevista no art.º 4.º da Lei n.º 59/2015, de 21 de abril, acabando no n.º 2 deste normativo por se resolver o dissenso jurisprudencial. Significa isto que, caso o FGS não pague a totalidade dos créditos dos trabalhadores, visto que, como já se referiu, este só se responsabiliza por determinados créditos limitados temporalmente e quantitativamente, e a massa insolvente se revele insuficiente para pagar a totalidade dos créditos que o FGS satisfez, bem como os créditos remanescentes dos trabalhadores, estes dois serão graduados paritariamente no processo de insolvência.

A respeito desta matéria, Ana Margarida Vilaverde e Cunha181 referiu, e bem, que tem algumas reservas quanto a esta questão da sub-rogação legal do Fundo, pois, segundo a Autora, esta solução não é compatível com a finalidade social da Diretiva, acabando por colocar o FGS em pé de igualdade com os trabalhadores, que ainda sejam titulares de créditos, na reclamação dos créditos, prejudicando assim o pagamento destes.

De facto, como explica aquela Autora, na sub-rogação legal são transmitidas ao sub-rogado as garantias do crédito em causa (art.º 582º, n.º 1 *ex vi* art.º 594º, ambos do CC), solução que é confirmada pela redação do art.º 4º, n.º 1 da Lei n.º 59/2015, de 21 de abril, o que significa que a sub-rogação do FGS vai implicar que este passe a ser titular dos privilégios creditórios de que gozam os trabalhadores, e que concorra com estes aquando da graduação

[180] Acórdão do TRC [em linha], de 22 de março de 2011 (proc. n.º 480/08.6TBCTB-E.C1), relatado pelo Desembargador Falcão de Magalhães. [Consult. 05/12/2020]. Disponível em WWW: URL:http://www.direitoemdia.pt.

[181] Ana Margarida Vilaverde e Cunha, Proteção dos trabalhadores em caso de insolvência do empregador: cálculo das prestações do Fundo de Garantia Salarial. *Questões Laborais*. Coimbra: Coimbra Editora. Ano XVIII, n.º 38 (2011), pp. 204-206.

de créditos, já que estamos perante uma figura que não é reconduzível à do direito de regresso.

É deveras importante não confundir a sub-rogação com o direito de regresso, pois são realidades distintas.

A sub-rogação é um modo de transmissão das obrigações em que é atribuído ao sub-rogado um benefício por ter procedido ao pagamento da obrigação, colocando-o na titularidade do mesmo direito que pertencia ao credor primitivo, com as mesmas garantias. Já o direito de regresso, por seu turno, consiste num direito *ex novo* que a lei concede ao devedor que cumpriu a obrigação para além do que lhe competia no plano das relações internas, é, portanto, um direito à restituição[182].

Em jeito de conclusão, podemos dizer que a sub-rogação se insere no capítulo do Código Civil relativo à transmissão de créditos e dívidas, e não no capítulo do cumprimento ou pagamento, porque o cumprimento por parte de terceiro implica a perda do crédito do antigo titular (que vê o seu interesse realizado), mas não a sua extinção, pois o terceiro vai assumir a titularidade desse mesmo crédito[183].

3. Fundo de Garantia de Compensação de Trabalho, Fundo de Compensação de Trabalho e Mecanismo Equivalente

A Lei n.º 70/2013, de 30 de agosto, estabelece o regime jurídico do Fundo de Compensação do Trabalho, do Mecanismo Equivalente e do Fundo de Garantia de Compensação do Trabalho, lei entretanto alterada pelo DL n.º 210/2015, de 25 de setembro, doravante designada RJFCT.

Estes mecanismos aplicam-se aos contratos de trabalho celebrados após a entrada em vigor da lei que os prevê, 1 de outubro de 2013, sendo o âmbito de aplicação da lei os contratos de trabalho de duração superior a dois meses (art.º 2º, n.º 2 e n.º 3 RJFCT).

182 Cfr. acerca desta distinção, ANTUNES VARELA, *Das obrigações em geral.* 7.ª Ed. Coimbra: Almedina, 2013. Vol. II. Pp. 346 e 347.

183 *Ibidem*, pp. 357 e 358.

O FCT e o FGCT são fundos cujo objetivo é assegurar o direito dos trabalhadores ao recebimento efetivo de metade do valor da compensação devida por cessação do contrato de trabalho, calculada nos termos do art.º 366º do CT (art.º 3º, n.º 1 do RJFCT). São fundos de adesão individual e obrigatória pelo empregador, podendo este aderir a mecanismo equivalente, nos termos do art.º 36º do RJFCT – meio pelo qual o empregador fica vinculado a conceder ao trabalhador garantia igual à que resultaria da vinculação do empregador ao FCT –, alternativamente à adesão ao FCT[184] – fundo de capitalização individual com o desiderato de garantir o pagamento até metade do valor da compensação devida por cessação do contrato de trabalho, calculada à luz do art.º 366º do CT, e que responde de forma limitada, isto é, até ao limite dos montantes satisfeitos pelo empregador[185]. A opção pela adesão a ME será efetuada em bloco relativamente a todos os trabalhadores ao serviço do empregador (art.º 8º, n.os 1 e 2 do RJFCT), o que significa que não podem uns trabalhadores estar inseridos no FCT e outros em ME.

Já o FGCT tem natureza mutualista, sendo um fundo apenas suscetível de ser acionado pelos trabalhadores quando o pagamento de metade da compensação não seja efetuado pelo empregador (art.º 3º, n.º 5 do RJFCT).

A adesão da entidade empregadora a estes fundos deve ocorrer com a celebração do primeiro contrato de trabalho abrangido pela lei em causa (art.º 8º, n.º 3 do RJFCT).

Feita a adesão ao FCT, a qual ocorre por iniciativa do empregador e exclusivamente por via eletrónica, é criada uma conta global, em nome do empregador, na qual se inserem contas de registo individualizado referentes a

[184] Nas palavras de BERNARDO DA GAMA LOBO XAVIER, o FCT *«funciona como um mecanismo cautelar, em que o empregador é obrigado a ir «colocando de lado» um valor que utilizará no caso de ter de pagar uma compensação pela cessação do contrato».* – BERNARDO DA GAMA LOBO XAVIER, *Manual de Direito do Trabalho.* 2.ª Ed. revista e atualizada. Lisboa: Verbo, 2014. P. 850.

[185] Enquanto o FGS assegura o pagamento do crédito do trabalhador emergente do contrato de trabalho ou da sua violação ou cessação, os fundos aqui tratados apenas asseguram o pagamento de metade dos créditos compensatórios calculados ao abrigo do art.º 366º do CT. Assim, o FGS vai ser responsabilizado pelo remanescente dos créditos compensatórios, até ao limite previsto no art.º 3º do NRFGS. O art.º 6º, n.º 1 do NRFGS reforça esta mesma ideia ao referir que, recebido o requerimento do trabalhador a solicitar o pagamento dos créditos, verificando-se que nele se encontram insertos créditos compensatórios, o Fundo solicita à entidade gestora do FGCT informações sobre os montantes pagos ao trabalhador ou existentes para esse efeito quer no FGCT quer no FCT ou ME.

cada trabalhador (art.º 8º, n.º 7 do RJFCT), sendo o saldo das respetivas contas intransmissível e impenhorável (art.º 10º do RJFCT).

Com a adesão do empregador quer ao FCT quer ao ME, opera automaticamente a sua adesão ao FGCT (art.º 8º, n.º 8 do RJFCT).

Sempre que o empregador contrate novos trabalhadores, abrangidos pelo RJFCT, deve comunicar ao FCT e ao FGCT essa admissão para que aqueles sejam aí incluídos (art.º 8º, n.º 6 do RJFCT). Caso o empregador adira a ME, a admissão de novos trabalhadores deve ser dada a conhecer, pelo empregador, ao FGCT (art.º 8º, n.º 9 do RJFCT).

Para que os créditos compensatórios dos trabalhadores venham a ser tutelados, afigura-se necessário que o empregador declare ao FGCT e, quando aplicável, ao FCT o valor da retribuição base do trabalhador, devendo igualmente comunicar quando haja alterações ao respetivo montante ou às diuturnidades a que o trabalhador venha a ter direito (art.º 11º, n.º 4 do RJFCT).

Os fundos serão financiados pelo empregador, estando este obrigado a entregar, mensalmente, ao FCT o montante correspondente a 0,925% da retribuição base e diuturnidades de cada trabalhador abrangido, caso não opte por ME, e ao FGCT o montante equivalente a 0,075% da retribuição base e diuturnidades devidas a cada trabalhador abrangido pelo FCT ou ME (art.º 11º, n.ºs 1, 2 e 3, art.º 12º e art.º 13º, n.º 2 do RJFCT).

Quando o saldo da conta de cada trabalhador atingir metade dos valores limite enunciados no n.º 2º do art.º 366º do CT, suspende-se a obrigação de fazer entregas (art.º 11º – A, n.º 1 do RJFCT).

Por sua vez, quando resulte de um determinado contrato de trabalho o direito do trabalhador a compensação de valor superior ao dos limites da compensação prevista no n.º 2 do art.º 366º do CT, o empregador fica dispensado de fazer entregas para o FCT relativamente à conta daquele trabalhador (art.º 11º – B, n.º 1 do RJFCT).

Em caso de cessação de um contrato de trabalho, o empregador é obrigado a pagar ao trabalhador a compensação calculada nos termos do art.º 366º do CT, podendo para tanto requerer ao FCT o reembolso do saldo da conta do concreto trabalhador. Caso o empregador não realize o pagamento a que se encontra adstrito ao trabalhador, este poderá acionar o FGCT, a fim de cobrir o montante correspondente a metade do valor da compensação devida pela cessação do contrato de trabalho, descontado o montante já pago pelo empregador ao trabalhador (arts. 33º, 34º e 46º a 49º, todos do RJFCT).

Assim, podemos dizer que o FCT se destina a auxiliar o empregador no pagamento da compensação devida ao trabalhador aquando da cessação do contrato de trabalho. Porém, se essa cessação não implicar o pagamento de compensação calculada nos termos do art.º 366º do CT, serão revertidas para o empregador as entregas que este fez ao FCT em relação àquele trabalhador (art.º 34º, n.º 3 do RJFCT), o mesmo não sucedendo quanto às entregas feitas ao FGCT[186].

Quanto ao ME, este pode ser constituído junto de instituições sujeitas à supervisão do Banco de Portugal ou do Instituto de Seguros de Portugal e que estejam legalmente autorizadas a exercer a gestão e comercialização desse instrumento, aplicando-se-lhe, com as necessárias adaptações, o regime do FCT, em tudo quanto não for incompatível com o regime previsto para o ME (art.º 36º, n.os 7 e 10 do RJFCT).

Perante o exposto, podemos concluir que é o FGCT que vai funcionar nos casos de insolvência do empregador em que este não cumpra a obrigação de pagamento da compensação por cessação do contrato de trabalho, devendo este fundo ser acionado pelos trabalhadores a fim de verem paga metade da compensação que lhes é devida.

Satisfeita a compensação devida aos trabalhadores pelo FGCT, este fica sub-rogado nos direitos de crédito e garantias dos trabalhadores, aqui se incluindo os privilégios creditórios mobiliários gerais e imobiliários especiais, na medida dos pagamentos efetuados, ao que acrescem os juros de mora (art.º 52º, n.º 1 do RJFCT). No n.º 2 do art.º 52º do RJFCT, o legislador foi claro ao referir expressamente que sendo o património do empregador insuficiente para garantir a totalidade dos créditos dos trabalhadores, bem como do FGCT, são satisfeitos primeiramente aqueles e após os créditos do FGCT.

186 O FGCT tem uma natureza mutualista, por isso assenta numa ideia de solidariedade e ajuda mútua, servindo como um fundo utilizável para satisfazer uma metade da compensação devida aos trabalhadores, em caso de cessação do contrato de trabalho, quando o empregador não cumpre tal obrigação de pagamento, independentemente de as entregas feitas pelo empregador serem suficientes ou insuficientes à garantia desse pagamento. – Bernardo da Gama Lobo Xavier, *Manual de Direito do Trabalho*. 2.ª Ed. revista e atualizada. Lisboa: Verbo, 2014. P. 851.

Com o fim de evitar a duplicação de pagamentos, o art.º 48º do RJFCT prevê a possibilidade de o FGS requerer que a decisão do FGCT lhe seja notificada, uma vez que o FGS também satisfaz créditos compensatórios.

4. Direito de alimentos ao trabalhador da empresa insolvente

Este direito consta do art.º 84º do CIRE e é mais um modo de tutela dos créditos dos trabalhadores, embora seja um direito excecional.

De facto, se o trabalhador, titular de créditos sobre a insolvência emergentes do contrato de trabalho existente ou da sua violação ou cessação, carecer de meios de subsistência e não os puder angariar pelo seu trabalho, pode vir a receber um subsídio à custa dos rendimentos da massa insolvente, até ao limite do montante do crédito, arbitrada pelo administrador da insolvência com o acordo da comissão de credores ou da assembleia de credores, mas, a final, serão deduzidos os subsídios recebidos ao valor de tal crédito.

Este modo de tutela justifica-se pela natureza alimentar de tais créditos, no entanto tem pouca aplicação prática, pois os meios de subsistência serão assegurados pelo FGS[187].

5. Aquisição do estabelecimento pelos trabalhadores e o destino dos contratos de trabalho

Existem muitas situações em que está em causa, no processo de insolvência, uma empresa viável, com bons clientes, boas matérias-primas, bons trabalhadores, mas com inúmeras dívidas por força da deficiente gestão a que está sujeita. Nestas situações, cremos que uma solução pouco utilizada, mas eficaz, é a aquisição do estabelecimento pelos trabalhadores, os quais têm o *know-how* e poderão fazer a gestão adequada e necessária.

[187] Maria do Rosário Palma Ramalho, Aspetos Laborais da Insolvência. Notas breves sobre as implicações laborais do regime do Código da Insolvência e da Recuperação de Empresas. *Questões Laborais*. Coimbra: Coimbra Editora. Ano XII, n.º 26 (2005). P. 163.

A aquisição pelos trabalhadores do estabelecimento integrante na massa insolvente pode ser realizada quer ao abrigo do art.º 199º do CIRE, relativo ao saneamento por transmissão (os trabalhadores fazem propostas de compra aos restantes credores, afigurando-se necessário que o plano seja votado)[188], quer ao abrigo do art.º 162º, aplicável durante a fase da liquidação, sendo a venda efetuada pelo administrador da insolvência, sob consulta da comissão de credores ou, caso não exista, da assembleia de credores. Com efeito, nos termos do art.º 161º, n.º 1 e n.º 3, al. a), a alienação da empresa ou do estabelecimento é um ato de especial relevo, pelo que se encontra sujeita ao consentimento da comissão de credores ou, caso não exista, da assembleia de credores.

Em qualquer um dos casos, transmitir-se o estabelecimento é sinónimo de transferência apenas do ativo e dos negócios em atividade, sem passivo[189].

De facto, empresa e estabelecimento, são duas realidades distintas.

Nos termos do art.º 5º do CIRE, empresa é *«...toda a organização de capital e trabalho destinada ao exercício de qualquer atividade económica»*. Para Oliveira Ascensão, a empresa reúne contributos materiais e humanos para a realização de um objetivo[190].

[188] Apenas faz sentido enveredar pelo plano de insolvência contemplado no art.º 199º do CIRE se o devedor se propuser administrar a massa insolvente, ao abrigo do art.º 224º, e a empresa continuar a trabalhar. Deste modo, os trabalhadores constituirão uma nova sociedade para explorar o estabelecimento adquirido à massa insolvente se o patrão não estiver interessado em recuperar a empresa por si, passando a gestão aos trabalhadores, desde que os credores não se oponham. Pode também invocar-se, desde logo, o art.º 199º para se tentar vender a empresa a funcionar. Por outro lado, se o devedor pretender recuperar a empresa, mantendo-a em funcionamento por si próprio, invocando, por isso, o art.º 224º, e os credores não aprovem o plano ao devedor, nesse caso, estando a empresa em funcionamento, ele poderá ceder a sua vez aos trabalhadores. Caso não o faça, uma vez que a empresa se mantém a trabalhar, os trabalhadores podem negociar um plano nos termos do art.º 199º. Se o devedor não apresentar plano, a empresa encerra, podendo os trabalhadores, nesse caso, apresentar proposta nos termos do art.º 162º. Assiste ainda aos trabalhadores a possibilidade de apresentarem uma moção à assembleia de credores, desde que representem pelo menos um quinto do total dos créditos não subordinados (art. 75º, n.º 1 do CIRE), sendo que nessa proposta os trabalhadores podem propor o que entenderem, enquadrado nos arts. 162º ou 199º, mas é necessário que os credores aceitem e a proposta obtenha a maioria dos votos emitidos.

[189] Para um melhor entendimento da diferença entre empresa e estabelecimento, cfr. João Paulo Marques de Oliveira, *Diferença entre Empresa e Estabelecimento* [em linha]. [Consult. 11/02/2021]. Disponível em WWW: URL:http://www.re-activar.pt.

[190] José de Oliveira Ascensão, *Direito Comercial*. Lisboa: O. Ascensão, 1994. Vol. I. P. 137.

Já o conceito de estabelecimento pode surgir numa aceção estrita, reportando-se ao local de trabalho onde é prestada a atividade, ou numa aceção mais ampla, equiparável a unidade económica[191]. Assim, estabelecimento será o local de trabalho, mas também o instrumento através do qual se conseguirá alcançar a finalidade produtiva, englobando os catálogos, os stocks, as máquinas, o *know-how*, etc.. Estes bens singulares, por si só, não têm aptidão funcional. Por isso, torna-se necessário que estejam funcionalmente integrados de modo a alcançarem uma função produtiva, formando assim o estabelecimento[192]. O estabelecimento corresponderá ao conceito de empresa, mas sem o elemento humano e de direção[193].

Atente-se no facto de que, aqui, referimos a aquisição do estabelecimento por ser o que se nos afigura mais vantajoso, já que se a empresa está com dificuldades, geralmente, o motivo é o seu sobre-endividamento, pelo que não faz sentido assumir as dívidas, pelo menos sem um grande perdão.

Assim, os trabalhadores enquanto credores poderão, numa 1.ª fase, fazer propostas de compra aos credores, oferecendo dinheiro pela empresa em troca do perdão de dívidas ou oferecendo dinheiro apenas pelo estabelecimento (art.º 199º).

Numa 2.ª fase, isto é, na fase da liquidação, que se inicia depois de os credores desistirem de aprovar um plano de recuperação, podem propor adquirir o estabelecimento ao abrigo do art.º 162º.

Se nada disto for possível, segue-se para a venda dos equipamentos e stocks em separado, o que para o nosso caso não é relevante.

De facto, comprar a empresa (ativo + passivo) só faz sentido se os trabalhadores forem os maiores credores e se os credores comuns aceitarem um perdão significativo de dívida.

191 Cfr. Maria do Rosário Palma Ramalho, *Tratado de Direito do Trabalho: Parte I – Dogmática Geral*. 5ª Ed.. Coimbra: Almedina, 2020. P. 384.

192 José de Oliveira Ascensão, *Direito Comercial*. Lisboa: O. Ascensão, 1994. Vol. I. P. 494.

193 Entendimento perfilhado por Menezes Cordeiro, *Direito Comercial*. 4.ª Ed.. Coimbra: Almedina, 2016. P. 332.

Segundo o ponto de vista prático, vender o estabelecimento, através do art.º 162º, parece mais fácil, mas a verdade é que se corre o risco de deixar parar a atividade da empresa, o que faz perder todo o interesse[194].

Aquilo que nos parece ser mais vantajoso para os trabalhadores é a aquisição por meio de um plano de insolvência (aprovado e homologado após a declaração de insolvência do devedor), uma vez que é possível aos credores/trabalhadores negociarem com os restantes credores e proporem a aquisição somente do estabelecimento, colocando de lado o passivo, sem prejuízo de poderem ainda propor a assunção de determinadas responsabilidades, o que poderá ser útil e até bastante económico, pois assim negoceia-se um desconto no preço da aquisição do estabelecimento[195].

De facto, a aquisição por meio de um plano de insolvência permite a manutenção em funcionamento do estabelecimento. Em todo o caso, para que esta proposta seja aprovada, é necessário obter a maioria prevista no art.º 212º, n.º 1, isto é, que estejam «*...presentes ou representados na reunião credores cujos créditos constituam, pelo menos, um terço do total dos créditos com direito de voto, recolher mais de 50/prct. da totalidade dos votos emitidos e, nestes, estejam compreendidos mais de metade dos votos correspondentes a créditos não subordinados com direito de voto, não se considerando como tal as abstenções*», sendo que os credores terão o poder de discutir o preço da venda.

[194] O devedor pode pedir que a administração da massa insolvente seja feita por si, abrindo porta à recuperação (art.º 224º, n.º 2, al. b) e art.º 192º, ambos do CIRE). Se o plano proposto pelo devedor for aprovado, fica com a empresa recuperada. Se o plano for reprovado, os trabalhadores podem avançar com a proposta de aquisição do estabelecimento por meio do art.º 162º do CIRE, com a empresa em funcionamento. Por outro lado, o devedor pode entregar a gestão, restando aos trabalhadores apresentar propostas aos credores nos termos do art.º 162º, mas com a empresa já parada. É por isso que a venda do estabelecimento por meio do art.º 162º é um risco, pois ele pode ser vendido parado ou a funcionar.

[195] O art.º 190º do CRCSPSS trata de situações excecionais para a regularização de dívida à Segurança Social. Nestes termos, é possível requerer o pagamento em prestações de dívida à Segurança Social, a isenção ou redução dos juros, desde que, cumulativamente, o requerimento seja feito pelo contribuinte, seja indispensável para a viabilidade económica desde e desde que se encontre, entre outras, na situação de contrato de aquisição, total ou parcial, do capital social de uma empresa por parte de quadros técnicos ou trabalhadores (art.º 190º, n.º 2, al. d) do CRCSPSS).

Resumidamente, a opção de aquisição do estabelecimento pelo art.º 199º ou pelo art.º 162º dependerá da capacidade negocial dos credores/trabalhadores que querem adquirir o estabelecimento.

Contudo, o plano de insolvência não é admissível nos processos de insolvência de pessoa singular que não seja titular de empresa ou seja titular de uma pequena empresa (art.º 249º). Nesses casos, é admissível um plano de pagamentos, previsto nos arts. 251º e ss..

Posto isto, alguns dos trabalhadores da empresa insolvente poderão constituir uma nova sociedade que comprará o estabelecimento compreendido na massa insolvente, mediante uma contrapartida[196]. Em princípio, a nova sociedade será constituída por participações sociais tituladas por credores da insolvência (neste caso, os trabalhadores), em contrapartida da cessão de créditos sobre a insolvente à nova sociedade, cessão essa que configura uma entrada em espécie (art.º 20º do CSC) [197]. Esta cessão, aliada a entradas em dinheiro, será imputada no capital social, acrescido de eventuais empréstimos bancários. A entrada mediante cessão de créditos está sujeita a avaliação por um revisor oficial de contas (art.º 201º, n.º 2 do CIRE e art.º 28º, n.º 1 do CSC), pois o valor nominal do crédito, em princípio, não corresponde ao seu valor económico, por força do risco de incobrabilidade, das garantias associadas ao crédito, etc.[198]. É essencial sublinhar que, vigorando nesta matéria o princípio da liberdade de estipulação, esta cessão de créditos dependerá da vontade das partes (dos sócios da nova sociedade e dos credores no processo de insolvência)[199].

[196] Nada impede a criação de duas ou mais sociedades, passando para uma o direito de propriedade sobre o estabelecimento e para outra a propriedade do imóvel – FILIPE CASSIANO DOS SANTOS, Plano de Insolvência e Transmissão da Empresa. In CATARINA SERRA (coord.), *I Congresso de Direito da Insolvência*. Coimbra: Almedina, 2013. P. 148.

[197] JORGE MANUEL COUTINHO DE ABREU, Recuperação de Empresas em Processo de Insolvência. In JORGE DE FIGUEIREDO DIAS, JOSÉ JOAQUIM GOMES CANOTILHO, JOSÉ DE FARIA COSTA (organizadores), *Ars Ivdicandi: estudos em homenagem ao Prof. Doutor António Castanheira Neves*. Coimbra: Coimbra Editora, 2008. Vol. II, p. 26 e CARVALHO FERNANDES e JOÃO LABAREDA, *Código da Insolvência e da Recuperação de Empresas Anotado*. 3.ª Ed.. Lisboa: Quid Juris, 2015. P. 734.

[198] BRUNO JOSÉ MACHADO DE ALMEIDA e CARLOS ALBERTO DA SILVA E CUNHA, O papel do revisor oficial de contas na avaliação das entradas em espécie. *Revista de Direito das Sociedades*. Coimbra: Almedina. Ano VII, n.os 3 e 4 (2015). P. 704.

[199] PEDRO PIDWELL, *O Processo de Insolvência e a Recuperação da Sociedade Comercial de Responsabilidade Limitada*. Coimbra: Coimbra Editora, 2011. Pp. 208 e 209.

Em alternativa, os trabalhadores podem ainda constituir uma sociedade mediante entradas em dinheiro (por exemplo, um euro) e deliberarem o aumento do capital social mediante entrada em espécie (art.º 89º do CSC), constituída pelo estabelecimento comercial que comprarão à massa insolvente através de poupanças pessoais ou de empréstimos que os bancos lhes concedam, tendo o prazo de um ano a partir da data da deliberação para o fazer[200].

Já quanto à contrapartida adequada pela transmissão do estabelecimento, esta está relacionada com o valor económico daquele[201]. Segundo Coutinho de Abreu, corresponderá à soma dos "valores de continuidade" dos elementos empresariais. Ao valor de tal contrapartida retirar-se-á o valor dos créditos sobre a insolvência cedidos à nova sociedade (por via da compensação) e o valor das dívidas assumidas pela nova sociedade, se for o caso[202]. Assim, também aqui vigora o princípio da liberdade de estipulação, pelo que o valor a pagar pelo estabelecimento pode ser realizado uma parte em dinheiro e outra parte assumindo os contratos de trabalho[203].

Por outro lado, somos da opinião que esta nova sociedade não pode ser constituída pelos membros dos órgãos sociais da antiga, pois esses já se mostraram pouco aptos à gestão de um negócio.

Então, quem poderá constituir esta nova sociedade? Consideramos que qualquer trabalhador poderá fazer parte da nova sociedade, porque a lei nada diz em contrário. Mas, na prática, aquilo a que se tem assistido é à aquisição por quadros da insolvente, como é caso dos diretores de produção, diretores financeiros, entre outros[204].Quanto à legitimidade para apresentar o plano de insolvência, refere o art.º 193º, n.º 1 do CIRE que aquele pode ser apresentado

[200] Esta interpretação é alegada por Paulo de Tarso Domingues. O mesmo Autor refere que o prazo limite para as entradas em causa não pode ser o da emissão da declaração apresentada no art.º 88º do CSC, porquanto esta deve ser emitida depois de realizada a entrada em espécie. Paulo de Tarso Domingues, *Variações sobre o capital social*. Coimbra: Almedina, 2013. P. 449

[201] Pedro Pidwell, *O Processo de Insolvência e a Recuperação da Sociedade Comercial de Responsabilidade Limitada*. Coimbra: Coimbra Editora, 2011. Pp. 207 e 208, nota 932.

[202] Jorge Manuel Coutinho de Abreu, Recuperação de Empresas em Processo de Insolvência. In Jorge de Figueiredo Dias, José Joaquim Gomes Canotilho, José de Faria Costa (organizadores), *Ars Ivdicandi: estudos em homenagem ao Prof. Doutor António Castanheira Neves*. Coimbra: Coimbra Editora, 2008. Vol. II, p. 26, nota 65.

[203] Manter os empregos dos trabalhadores reduz as indemnizações a pagar e aumenta o valor a ratear aos demais credores, o que permite que os credores comuns recebam mais.

[204] Estas operações designam-se por *management buy-out*.

pelo administrador da insolvência, pelo devedor, por qualquer responsável legal pelas dívidas da insolvência e por qualquer credor ou grupo de credores cujos créditos correspondam a, pelo menos, um quinto do total dos créditos não subordinados reconhecidos na sentença de verificação e graduação de créditos.

Então, os trabalhadores reclamam os seus créditos, incluindo os compensatórios e, geralmente, alcançam os 20% necessários para submeter um plano de insolvência ao tribunal. Se não alcançarem tal quantitativo, sempre poderão aliar-se a um parceiro credor.

O art.º 194º estabelece o princípio da igualdade, princípio pelo qual se deve regular a elaboração e conteúdo do plano de insolvência. Segundo esta norma, os credores da insolvência estão em pé de igualdade entre si. No entanto, há a possibilidade de existirem diferenciações justificadas por razões objetivas (art.º 194º, n.º 1). Deste modo, o princípio da igualdade aqui tratado não impõe um tratamento absolutamente igual dos credores, mas impõe que situações diferentes sejam tratadas diferentemente. De facto, a parte final do art.º 194º, n.º 1 justifica-se pelo princípio da proporcionalidade constitucionalmente previsto[205].

O art.º 197º, por sua vez, refere que na falta de acordo expresso em sentido contrário vertido no plano de insolvência, as garantias reais e os privilégios creditórios não são afetados pelo plano, os créditos subordinados são objeto de perdão total e o cumprimento do plano desobriga o devedor e os responsáveis legais das dívidas da insolvência remanescentes.

Os trabalhadores que façam a proposta de um plano de insolvência poderão requerer a suspensão da liquidação da massa insolvente e da partilha do produto obtido pelos credores, de modo a não se colocar em risco a execução do plano de insolvência (art.º 206º, n.º 1). O juiz só assim não fará se a suspensão envolver perigo de prejuízos consideráveis para a massa insolvente ou se tal lhe for requerido pelo administrador da insolvência, com o acordo da comissão de credores ou da assembleia de credores, caso a primeira não exista (art.º 206º, n.º 2).

205 Acórdão do STJ [em linha], de 25 de março de 2014 (proc. n.º 6148/12.1TBBRG.G1.S1), relatado pelo Conselheiro Fonseca Ramos. [Consult. 08/02/2021]. Disponível em WWW: URL:http://www.dgsi.pt.

A suspensão que, eventualmente, venha a ser decretada cessa se o plano apresentado não for admitido, aprovado ou homologado (art.º 156º, n.º 4, al. b) *ex vi* art.º 206º, n.º 3). Além disso, a suspensão decretada não impede a venda antecipada dos bens da massa insolvente ao abrigo do art.º 158º, n.º 2 (art.º 156º, n.º 5 *ex vi* art.º 206º, n.º 3). Não tendo havido suspensão da liquidação e partilha, a venda iniciar-se-á, em princípio, após o trânsito em julgado da sentença de declaração de insolvência e a realização da assembleia de apreciação do relatório nos termos do art.º 158º, n.º 1.

Quanto ao conteúdo do plano de insolvência, este pode visar a liquidação (embora em termos distintos dos previstos no CIRE), a recuperação do titular da empresa, a transmissão da empresa ou ser misto (art.º 195º, n.º 2, al. c)). O conteúdo do plano deve ainda indicar as alterações que dele decorrem para as posições jurídicas dos credores da insolvência (art.º 195º, n.º 1), para que possam votar conscientemente[206]. O art.º 195º, n.º 2, por sua vez, indica os elementos que devem constar do plano de insolvência, não sendo os elementos aí vertidos taxativos.

Após o trânsito em julgado da decisão de homologação do plano de insolvência, o processo de insolvência é encerrado (art.º 230º, n.º 1, al. b)). No entanto, pode acontecer que o juiz não aceite a proposta de plano de insolvência com fundamento no previsto nas als. a) a d) do n.º 1 do art.º 207º, decisão da qual cabe recurso[207].

Aceite a proposta de plano de insolvência, é notificada a comissão de credores ou, não existindo, os representantes designados pelos trabalhadores, a comissão de credores, se existir, o devedor e o administrador da insolvência para, no prazo de 10 dias, darem o seu parecer (art.º 208º).

De seguida, o juiz convoca a assembleia de credores para discutir e votar a proposta de plano de insolvência nos termos do art.º 209º, n.º 1. Terminada a discussão, segue-se a votação do plano. No entanto, nem todos os credores têm direito de voto. Desde logo, não têm direito de voto os credores cujos créditos não tenham sido modificados pela parte dispositiva do plano, bem como os créditos subordinados de determinado grau (visto que o pagamento

[206] Alexandre de Soveral Martins, *Um Curso de Direito da Insolvência*. 2.ª Ed. revista e atualizada. Coimbra: Almedina, 2016. P. 457.

[207] Menezes Leitão, *Direito da Insolvência*. 10ª Ed.. Coimbra: Almedina, 2021. P. 308.

dos créditos subordinados é efetuado segundo a ordem prevista no art.º 48º), caso o plano decrete *«...o perdão integral de todos os créditos de grau hierarquicamente inferiores e não atribuir qualquer valor económico ao devedor ou aos respetivos sócios, associados ou membros, consoante o caso»* (art.º 212º, n.º 2), salvo se tudo conjugado todos os créditos resultassem privados do direito de voto (art.º 212º, n.º 3).

A votação do plano pode ocorrer na própria assembleia de credores (art.º 210º e art.º 212º, n.º 1) e poderá ser igualmente feita por escrito, isto é, uma vez terminada a discussão do plano de insolvência, o juiz concede um prazo não superior a 10 dias para que os credores votem. Porém, na votação participam apenas os credores com direito de voto presentes ou representados na assembleia (art.º 211º, n.º 1).

Para que a proposta de plano de insolvência seja aprovada, é necessário que tenham estado presentes ou representados na assembleia titulares de créditos que constituam, no mínimo, um terço do total dos créditos com direito de voto, sejam recolhidos a favor da sua aprovação mais de 50/prct da totalidade dos votos emitidos e quanto a estes mais de metade dos votos emitidos correspondam a créditos não subordinados com direito de voto, não relevando as abstenções (art.º 212º, n.º 1, 2.ª parte). Aprovado o plano de insolvência, a deliberação é publicada (art.º 213º).

Caso o plano de insolvência não seja aprovado e tenha sido aprovada pelo juiz a suspensão da liquidação e partilha, essa mesma suspensão cessará (art.º 156º, n.º 4, al. b) *ex vi* art.º 206º, n.º 3).

O plano de insolvência aprovado será homologado por sentença. Porém, isso acontecerá decorridos pelo menos 10 dias sobre a data da aprovação ou, no caso de o plano ter sido sujeito a alterações na assembleia de credores, conforme prevê o art.º 210º, sobre a data da publicação (art.º 214º).

O art.º 215º prescreve que o juiz pode recusar oficiosamente a homologação do plano de insolvência em caso de violação não negligenciável das regras procedimentais ou das normas aplicáveis ao seu conteúdo qualquer que seja a sua natureza; não se verifiquem as condições suspensivas do plano ou não sejam praticados os atos ou executadas as medidas que devam preceder a homologação (art.º 215º).

O devedor, caso não seja o proponente e tiver manifestado nos autos a sua oposição em momento anterior à aprovação do plano de insolvência, ou algum credor ou sócio, associado ou membro do devedor (que não sejam os proponentes do plano, porquanto, no caso contrário, por identidade de razão, estão impedidos de requerer a não homologação[208]), cuja oposição tenha sido comunicada nos mesmos moldes, podem requerer ao juiz a não homologação do plano de insolvência (art.º 216º, n.º 1).

Se o plano de insolvência tiver sido alterado na assembleia de credores, é dispensada a manifestação da oposição de quem não tenha estado presente ou representado (art.º 216º, n.º 2).

Os fundamentos para a recusa da homologação são os previstos nas als. a) e b) do n.º 1 do art.º 216º.

O art.º 216º, n.º 3, por seu turno, elenca as situações em que a recusa de homologação não poderá ter lugar por parte do devedor, sócio, associado ou membro do devedor ou credor comum ou subordinado.

Quanto aos efeitos do plano de insolvência, desde logo, sobre os créditos sobre a insolvência, o art.º 217º, n.º 1 estabelece que com a sentença de homologação produzem-se alterações aos referidos créditos introduzidas pelo plano de insolvência, independentemente de tais créditos terem sido reclamados ou verificados. A homologação do plano de insolvência confere ainda eficácia a atos ou negócios jurídicos previstos no plano, independentemente da forma legalmente prevista, desde que constem do processo as declarações de vontade dos credores ou de terceiros que não tenham votado favoravelmente, ou venham a ser posteriormente emitidas, prescindindo-se das declarações de vontade do devedor quando não seja necessário (art.º 217º, n.º 2).

A sentença que homologa o plano constitui título bastante para a constituição de novas sociedades, bem como para a transmissão a favor destas últimas de bens e direitos e realização dos respetivos registos, e ainda para a redução e aumento de capital, alteração dos estatutos, transformação, exclusão dos sócios e alteração dos órgãos sociais da devedora e consequente realização dos registos (art.º 217º, n.º 3, als. a) e b)).

Quanto às dívidas da massa insolvente, estas devem ser pagas antes do encerramento do processo de aprovação do plano de insolvência (art.º 219º). Caso sejam dívidas litigiosas, o administrador da insolvência acautela os direitos dos credores por meio de caução, nos termos do CPC. Se o pagamento

[208] Alexandre de Soveral Martins, *Um Curso de Direito da Insolvência*. 2.ª Ed. revista e atualizada. Coimbra: Almedina, 2016. P. 497.

não for efetuado antes do encerramento do processo, o plano não deve ser homologado nos termos do art.º 215º[209].

Após o trânsito em julgado da decisão de homologação do plano de insolvência, o processo encerra, se a isso não se opuser o conteúdo daquele (art.º 230º, n.º 1, al. b)), já que se previr a liquidação da empresa insolvente o processo não pode ser encerrado.

A execução do plano de insolvência que acarrete o encerramento do processo pode vir a ser fiscalizada pelo administrador da insolvência e a autorização deste pode vir a ser necessária para a prática de determinados atos pelo devedor ou pela nova sociedade ou sociedades, desde que previsto no plano de insolvência, sendo aplicável o art.º 81º, n.º 6 (art.º 220º, n.º 1).

A fiscalização tem como período máximo 3 anos e termina assim que estejam pagos os créditos sobre a insolvência ou que em novo processo seja declarada a insolvência do devedor ou da(s) nova(s) sociedade(s) (art.º 220º, n.º 6).

Para efeitos de fiscalização, caso a mesma esteja prevista, o administrador da insolvência e os membros da comissão de credores mantêm-se em funções, sendo que o juiz poderá continuar a fiscalização apesar do encerramento do processo de insolvência (art.º 220º, n.º 3).

Os custos da fiscalização são suportados pelo devedor ou pela(s) nova(s) sociedade(s), consoante o caso (art.º 220º, n.º 5, 2.ª parte).

Posto isto, podemos concluir que o saneamento por transmissão é um dos modos possíveis de manutenção do estabelecimento em funcionamento, embora na titularidade de terceiros, neste caso, os trabalhadores, o que acaba por ser vantajoso para a satisfação dos seus interesses e dos restantes credores.

Então, e qual é o destino dos contratos de trabalho, os quais configuram responsabilidades da empresa insolvente, aquando da aquisição do estabelecimento por alguns trabalhadores?

Como já tivemos oportunidade de analisar, o destino dos contratos de trabalho varia consoante o destino da empresa.

Embora o CIRE, nos seus arts. 5º e 55º, n.º 4, *a contrario*, sugira que os contratos de trabalho acompanham a transmissão da empresa, a verdade é

[209] Alexandre de Soveral Martins, *Um Curso de Direito da Insolvência*. 2.ª Ed. revista e atualizada. Coimbra: Almedina, 2016. P. 500.

que o concreto regime a aplicar aos casos de transmissão da empresa ou estabelecimento no processo de insolvência vem previsto nos arts. 285º e ss. do CT, quer por força da remissão vertida no art.º 277º do CIRE, tal como certos Autores consideram[210], quer por força da simples lacuna existente no CIRE.

Quando se fala em transmissão no âmbito do processo de insolvência, a doutrina maioritária debruça-se sobre a análise dos arts. 285º e ss. do CT[211], o que bem se compreende, visto que, apesar de o CIRE ser uma lei especial, que se sobrepõe às leis gerais (art.º 7º, n.º 3 do CC), é o próprio CIRE que no seu art.º 277º remete para o Código do Trabalho, o qual se se sobreporá.

No seio do direito comunitário, a Diretiva 2001/23/CE versa sobre a matéria da manutenção dos direitos dos trabalhadores em caso de transferência de empresas ou de estabelecimentos, dispondo no seu art.º 3º, n.º 1, que os contratos de trabalho em curso, bem como os direitos e obrigações que lhes são inerentes à data da transmissão se transmitem para o adquirente, artigo este que se encontra transposto para o nosso ordenamento jurídico através do art.º 285º do CT e que considerámos aplicável ao processo de insolvência. Nestes termos, os contratos de trabalho transmitem-se para o adquirente com todos os direitos contratuais e adquiridos, como é o caso da retribuição, antiguidade, etc.. (art.º 285º, n.º 3 do CT). De facto, esta solução é a mais consentânea à salvaguarda dos direitos dos trabalhadores.

Por isso, recebendo o adquirente a mesma unidade económica, isto é, adquirindo o estabelecimento anteriormente explorado pela insolvente com os mesmos elementos corpóreos, mas também com a mesma atividade e clientela, não é impeditivo da aplicação do art.º 285º do CT, já que o que releva é a relação existente entre o trabalhador e o estabelecimento comercial e não a relação existente entre o trabalhador e o empresário[212].

[210] JOANA VASCONCELOS, Insolvência do Empregador e Contrato de Trabalho. In DIOGO LEITE DE CAMPOS (org.), *Estudos em Homenagem ao Prof. Doutor Manuel Henrique Mesquita*. Coimbra: Coimbra Editora, 2009. P. 1106.

[211] Análise realizada *supra* em 2.3 do capítulo III.

[212] Acórdão do TRE [em linha], de 23 de setembro de 2008 (proc. n.º 801/08-2), relatado pelo Desembargador Gonçalves Rocha. [Consult. 09/02/2021]. Disponível em WWW: URL:http://www.direitoemdia.pt.

De facto, o regime previsto no art.º 285º do CT é aplicável quando esteja em causa uma unidade económica, definida nos termos do n.º 5 do mesmo normativo. Para João Reis, a transferência de um estabelecimento inativo, ainda que constituído por bens que potenciem a sua atividade, não constitui transferência de estabelecimento para efeitos da Diretiva[213].

Ainda assim, é necessário esclarecer que, encontrando-se em dívida salários relativos a período anterior à transmissão, e configurando tais salários créditos sobre a insolvência, consideramos não dever ser o adquirente por eles responsável, devendo o respetivo trabalhador reclamar os seus créditos no processo de insolvência, para que os mesmos sejam reconhecidos pelo administrador da insolvência nos termos do art.º 129º, seja proferida sentença de verificação e graduação de créditos e, assim, possam legitimamente reclamá-los ao FGS, que ficará sub-rogado nos seus direitos. Caso tais salários configurem um crédito sobre a massa insolvente, por serem relativos a trabalho prestado após a declaração judicial de insolvência, os trabalhadores deverão aguardar o pagamento precípuo, uma vez que estes não necessitam de ser reclamados.

Assim, de acordo com o que vimos dito, no âmbito da transmissão do estabelecimento em processo de insolvência, ao abrigo do art.º 199º do CIRE, que aqui nos encontramos a tratar, não é defensável nem aplicável a responsabilidade solidária do transmitente e do adquirente, prevista no art.º 285º, n.º 6 do CT[214], pois, como aqui já referimos, o que se transmite é apenas o ativo[215] da empresa, bem como os contratos de trabalho em vigor, excluindo-se

[213] João Reis, O Regime da Transmissão da Empresa no Código do Trabalho. *Transmissão de Estabelecimento* [em linha]. Lisboa: Centro de Estudos Judiciários, 2014. [Consult. 10/02/2021]. Disponível em WWW: URL:http://www.cej.mj.pt. P. 190.

[214] No art.º 44º, n.º 3 do ET também se estabelece a responsabilidade solidária do transmitente e do adquirente pelo período de três anos subsequentes à transmissão.

[215] Gravato Morais entende que os créditos da insolvente ligados ao estabelecimento não se transmitem para o adquirente automaticamente. De facto, na falta de estipulação expressa sobre a matéria, o Autor defende que se deve recorrer ao direito civil, mais precisamente aos arts. 577º e ss. do CC. Nestes termos, segundo o Autor, a transmissão dos créditos deve resultar de um acordo expresso ou tácito entre os contraentes, sem necessidade do consentimento do devedor – Gravato Morais, *Alienação e Oneração de Estabelecimento Comercial*. Coimbra: Almedina, 2005. Pp. 106 e 107.

os débitos [216] [217]. No art.º 285º, n.º 6 do CT estamos, assim, perante uma exceção que deveria ser de aplicação facultativa, já que o art.º 3º, n.º 1 da Diretiva permite a responsabilização solidária pelas obrigações resultantes de um contrato de trabalho existentes antes da data da transferência, mas não a impõe. De qualquer forma, não sufragámos a aplicação de tal exceção[218],

[216] A transmissão do estabelecimento, no processo de insolvência, constitui um trespasse – cfr. acórdão do STJ [em linha], de 03 de julho de 2018 (proc. n.º 172/12.1TBCBT.G1.S2), relatado pelo Conselheiro Fonseca Ramos. [Consult. 03/02/2021]. Disponível em WWW: URL:http://www.dgsi.pt; no mesmo sentido, na doutrina, cfr. Alexandre de Soveral Martins, *Um Curso de Direito da Insolvência*. 2.ª Ed. revista e atualizada. Coimbra: Almedina, 2016. P. 474; Filipe Cassiano dos Santos afirma que, tratando-se a transmissão de uma modalidade de trespasse, as dívidas constituídas na exploração não podem acompanhar o estabelecimento, salvo com o consentimento do adquirente – cfr. Filipe Cassiano dos Santos, Plano de Insolvência e Transmissão da Empresa. In Catarina Serra (coord.), *I Congresso de Direito da Insolvência*. Coimbra: Almedina, 2013. P. 151; Fernando de Gravato Morais, por sua vez, considera também a transmissão do estabelecimento em processo de insolvência uma modalidade de trespasse, sendo a sua opinião favorável à não transmissão automática dos débitos, por considerar a responsabilização do adquirente por tais débitos excessiva – cfr. Fernando de Gravato Morais, *Alienação e Oneração de Estabelecimento Comercial*. Coimbra: Almedina, 2005. Pp. 81, 108 e 109; também Menezes Cordeiro emite uma posição favorável à não transmissão automática do passivo com a transmissão do estabelecimento, por ser necessário o consentimento do terceiro cedido ao abrigo dos arts. 424º, n.º 1 e 595º, ambos do CC – cfr. Menezes Cordeiro, *Direito Comercial*. 4.ª Ed.. Coimbra: Almedina, 2016. P. 338.

[217] José de Oliveira Ascensão não acolhe este entendimento e faz uma distinção entre dívidas comuns e dívidas exploracionais, defendendo que as últimas acompanham a transmissão do estabelecimento comercial, no silêncio das partes, por serem constitutivas deste. Cfr. a propósito da distinção entre dívidas comuns e dívidas exploracionais – José de Oliveira Ascensão, Estabelecimento Comercial e Estabelecimento Individual de Responsabilidade Limitada. *Revista da Ordem dos Advogados*. Lisboa: Ordem dos Advogados. Ano XLVII (abril 1987), *passim*. Por outro lado, na jurisprudência, há quem considere que os créditos e os débitos não se transmitem automaticamente com o trespasse, podendo transmitir-se havendo acordo das partes nesse sentido – acórdão do TRC [em linha], de 25 de março de 2010 (proc. n.º 778/05.5TBCVL-A.C1), relatado pelo Desembargador Távora Vítor. [Consult. 04/02/2021]. Disponível em WWW: URL:http://www.direitoemdia.pt.

[218] Joana Vasconcelos, consciente das consequências nefastas provocadas ao adquirente com a sua responsabilização pelos créditos dos trabalhadores emergentes do contrato de trabalho, da sua violação ou cessação, assim como pelos encargos sociais, vencidos até à data da transmissão, defende que devem ser dados a conhecer ao adquirente os créditos laborais por cuja satisfação vai ficar responsável, uma vez que, não raras vezes, são créditos ocultos. Assim, o adquirente pode marcar um prazo para a reclamação de créditos pelos trabalhadores, embora sem qualquer cominação. Apesar disso, este aviso terá implicações na boa-fé dos trabalhadores e na viabilidade das suas pretensões quanto a créditos que naquele momento não invocaram, mas que se encontram a invocar em momento ulterior. Esta Autora acredita

exceto se, voluntariamente, os adquirentes do estabelecimento assim o aceitarem livremente, como forma de reforçar o valor da proposta sem aumentar o desembolso.

A Diretiva comunitária 2001/23/CE refere ainda no seu art.º 5º, n.º 1 que a regra prevista no art.º 285º, n.º 1 do CT (artigo que transpõe o art.º 3º e 4º da Diretiva, relativos à manutenção dos direitos dos trabalhadores aquando da transmissão) não se aplica *«...quando o cedente for objeto de um processo de falência ou de um processo análogo por insolvência promovido com vista à liquidação do seu património...»*.

Já o n.º 2 do mesmo art.º 5 prescreve que, aplicando-se os arts. 3º e 4º da Diretiva a uma transferência no decurso de um processo de insolvência que tenha sido instaurado em relação a um cedente (independentemente de tal processo ter sido ou não instaurado com o objetivo de proceder à liquidação do património), o Estado-membro tem a faculdade de determinar que as dívidas do cedente, anteriores à data da transferência, emergentes de contrato de trabalho, não sejam transferidas para o cessionário, desde que o processo esteja sob o controlo de uma entidade oficial competente e seja concedida uma proteção pelo menos equivalente à prevista para as situações abrangidas pela Diretiva 80/987/CEE do Conselho, de 20 de outubro de 1980, relativa à aproximação das legislações dos Estados-Membros respeitantes à proteção dos trabalhadores assalariados em caso de insolvência do empregador (art.º 5º, n.º 2, al. a) da Diretiva).

De facto, quando nos referimos ao saneamento por transmissão, referimo-nos a duas possibilidades com o intuito de manter o estabelecimento em funcionamento: a venda do estabelecimento em pleno funcionamento por meio de um processo de insolvência, nos termos do art.º 199º, o qual se enquadra no art.º 5º, n.º 2 da Diretiva, ou a transmissão no âmbito de um processo liquidatório, nos termos do art.º 162º.

que este é um modo perfeitamente legítimo de tutela do novo empregador. Nestes termos, o trabalhador que não atue conforme o previsto pode, depois, ver a sua pretensão de obtenção de créditos que já detinha prejudicada por estar numa situação de *venire contra factum próprio* e, por isso, constituir abuso de direito nos termos do art.º 334º do CC – JOANA VASCONCELOS, Transmissão da empresa ou estabelecimento, responsabilidade por créditos laborais e tutela do adquirente. *Transmissão de Estabelecimento* [em linha]. Lisboa: Centro de Estudos Judiciários, 2014. [Consult. 09/02/2021]. Disponível em WWW: URL:http://www.cej.mj.pt. Pp. 164-166.

Portanto, enquanto o n.º 1 do art.º 5º se refere às transmissões com intuito liquidatório em que não se pretende a continuação da exploração da empresa/estabelecimento, no n.º 2 do art.º 5º enquadram-se as situações que implicam a continuação da exploração da empresa/estabelecimento, ainda que a transmissão ocorra no âmbito de um processo destinado à liquidação. Conforme resulta do CIRE, a liquidação pode ser alcançada quer por via da venda da empresa ou do estabelecimento ou de bens que a compõem, quer pela venda da empresa ou estabelecimento em pleno funcionamento e destinada a manter-se como tal pelo adquirente[219].

Assim, quando nos referimos ao saneamento por transmissão, referimo-nos à venda do estabelecimento em pleno funcionamento por meio de um plano de insolvência, o que acaba por se enquadrar no art.º 5º, n.º 2 da citada Diretiva, o qual é certo que preceitua a aplicação dos arts. 3º e 4º a tal situação. Contudo, o art.º 5º, n.º 2, al. a) da Diretiva 2001/23/CE permite a derrogação da responsabilidade do cessionário perante as dívidas do cedente decorrentes de contratos de trabalho e pagáveis antes da data da transferência, o que acaba por sustentar o nosso entendimento segundo o qual deve ser afastada a responsabilidade solidária do adquirente por dívidas laborais anteriores à data da transmissão, sem prejuízo da compensação por antiguidade que se transfere para o adquirente.

Este entendimento tutela, ainda assim, os trabalhadores, pois os mesmos serão pagos pela massa insolvente com precipuidade ou pelo FGS, gozando ainda de privilégios creditórios, o que acaba por ser permitido pela derrogação prevista no art.º 5º, n.º 2, al. a) da Diretiva 2001/23/CE, que contempla as situações em que se pretende a continuação da empresa ou estabelecimento vendidos, ainda que a transmissão ocorra no âmbito de um processo de insolvência com objetivo liquidatário[220].

Além disso, em contrapartida da derrogação do regime mais protetor, os Estados-membros deverão tomar as medidas adequadas para evitar o recurso

[219] Joana Vasconcelos, Insolvência do Empregador, Destino da Empresa e Destino dos Contratos de Trabalho. In António Moreira (coord.), *VIII Congresso Nacional de Direito do Trabalho: Memórias*. Coimbra: Almedina, 2006. P. 231.

[220] Joana Vasconcelos, Insolvência do Empregador e Contrato de Trabalho. Diogo Leite de Campos (org.), *Estudos em Homenagem ao Prof. Doutor Manuel Henrique Mesquita*. Coimbra: Coimbra Editora, 2009. Vol. II. P. 1108.

abusivo a processos de insolvência, que acabam por retirar aos trabalhadores os seus direitos previstos na Diretiva, conforme enuncia o art.º 5º, n.º 4 da Diretiva.

A verdade é que será de todo o interesse para o adquirente do estabelecimento a assunção de determinadas dívidas e responsabilidades, entre as quais as resultantes dos contratos de trabalho, pois, caso o adquirente não os assuma, os trabalhadores receberão da massa insolventes antes dos credores comuns e, por isso, estes pouco ou nada receberão, pelo que, consequentemente, não aprovarão o plano. Além disso, se os adquirentes assumirem os contratos de trabalho, esse facto terá repercussões no preço da aquisição do estabelecimento.

CONCLUSÃO

O processo de insolvência é um processo de execução universal – diz-se universal porque todos os bens do devedor servirão para satisfazer os interesses dos credores – que se inicia perante a impossibilidade de cumprimento das obrigações pecuniárias.

Contudo, o processo de insolvência não é algo que tenha surgido recentemente, antes remontando à época das ordenações régias, assumindo, desde então, diversas denominações (quebra, falência e, mais tarde, insolvência).

Atualmente, existem dois critérios para se determinar a situação de insolvência do devedor, mas, podemos dizer que, maioritariamente, se tem entendido que o devedor está em situação de insolvência se se encontra impedido de cumprir as suas obrigações vencidas, independentemente de o ativo ser superior ao passivo (critério da liquidez). No entanto, esta impossibilidade de cumprimento apenas será fundamento do processo de insolvência se for reveladora da impossibilidade de o devedor fazer face à generalidade das suas obrigações, sem prejuízo de o devedor poder, ele próprio, apresentar-se à insolvência com base numa situação de insolvência iminente.

Declarada a insolvência da empresa, o seu destino pode ser um de três: a manutenção, o encerramento ou a transmissão.

A verdade é que o destino da empresa tem um forte impacto nos contratos de trabalho, porquanto a declaração judicial de insolvência não determina, por si só, a cessação dos contratos de trabalho, conforme indica o art.º 347º, n.º 1 do CT, não obstante a possibilidade de o administrador da insolvência cessar os contratos de trabalho de trabalhadores dispensáveis ao funcionamento da empresa.

De facto, o CIRE é omisso no que diz respeito aos efeitos da declaração de insolvência nos contratos de trabalho, pelo que, tal como a doutrina maioritária, consideramos que, nestes casos, deve aplicar-se o Código do Trabalho.

Posto isto, no caso de manutenção da empresa, pode haver lugar à cessação de contratos de trabalho de trabalhadores que não sejam indispensáveis ao funcionamento da empresa, nos termos do art.º 347º, n.º 2 do CT, ou à contratação a termo certo ou incerto de novos trabalhadores com vista à exploração daquela, à luz do art.º 55º, n.º 4 do CIRE.

Já no caso de encerramento definitivo da empresa, os contratos de trabalho caducam, quer pela impossibilidade de o trabalhador prestar o seu trabalho, existindo, por isso, uma impossibilidade objetiva do cumprimento, nos termos do art.º 790º, n.º 1 do CC, quer pela impossibilidade de o empregador receber a prestação de trabalho, sendo que os trâmites a seguir serão os previstos para o despedimento coletivo, embora com algumas adaptações, nos termos do art.º 347º, n.º 3 do CT.

Havendo transmissão da empresa, os efeitos dessa transmissão nos contratos de trabalho estão regulados no art.º 285º do CT. Nos termos do art.º 285º, n.ºs 1 e 3 do CT, o contrato de trabalho acompanha a transmissão com todos os direitos adquiridos, passando o adquirente a assumir a posição de empregador.

O art.º 285º, n.º 6 do CT, por sua vez, estabelece a responsabilidade solidária do transmitente pelos créditos dos trabalhadores vencidos à data da transmissão durante os dois anos subsequentes a esta. Porém, esta solução não é defensável, pois as obrigações vencidas antes da declaração de insolvência são créditos sobre a insolvência que devem ser reclamados no processo de insolvência, a fim de serem pagos pelo produto da liquidação da massa insolvente (art.ºs 173º a 175º). Já as obrigações vencidas após a declaração de insolvência são créditos sobre a massa insolvente, cujo pagamento incumbe à massa (art.ºs 51º, n.º 1, al. c) e 172º). Portanto, podemos concluir que o transmitente nada tem que ver com tais obrigações, nem tão pouco o adquirente, que apenas assumirá essas obrigações se assim o pretender.

A cessação dos contratos de trabalho implica o pagamento de determinados direitos aos trabalhadores, passando estes a ser credores e, eventualmente, titulares de três tipos de créditos: créditos remuneratórios, créditos indemnizatórios e créditos compensatórios.

Além disso, os trabalhadores podem assumir a posição de credores da insolvência e/ou credores da massa insolvente.

Os créditos sobre a insolvência são, nos termos do art.º 47º, n.os 1 e 3 do CIRE, todos aqueles cujo fundamento seja anterior à data da declaração de insolvência. São créditos que necessitam de ser reclamados no processo de insolvência e são pagos após a satisfação das dívidas da massa insolvente (art.º 172º, n.º 1 art.º 173º, ambos do CIRE).

De entre os créditos sobre a insolvência, podemos distinguir os créditos garantidos, os créditos privilegiados, os créditos comuns e os créditos subordinados.

Uma vez reclamados os créditos sobre a insolvência, são pagos, em primeiro lugar, os créditos garantidos, mediante o produto obtido com a venda do bem onerado, mas não sem antes se satisfazerem as dívidas da massa, uma vez que estas também são imputadas no produto obtido com a venda de cada bem móvel ou imóvel, sem ultrapassar 10% do produto de bens objeto de garantias reais (art.º 177º, n.os 1 e 2 e art.º 174º, n.º 1).

De seguida, são satisfeitos os créditos privilegiados à custa dos bens não afetos a garantias reais prevalecentes, seguidos dos créditos comuns e, finalmente, são satisfeitos os créditos subordinados, quando integralmente pagos os créditos comuns.

Coisa diferente são os créditos sobre a massa insolvente, cujo fundamento surge após a sentença de declaração de insolvência, previstos nas alíneas do n.º 1 do art.º 51º.

Estes créditos não são reclamados no processo de insolvência, devendo ser satisfeitos no momento do seu vencimento. Caso o seu pagamento não seja efetuado, o credor pode propor ação declarativa ou executiva, que correrá por apenso ao processo de insolvência, de acordo com o art.º 89º, n.º 2.

Conforme referimos, os trabalhadores podem ser titulares de três tipos de créditos.

Desde logo, os créditos remuneratórios correspondem a salários e subsídios. Se estes créditos se constituírem antes da declaração judicial de insolvência, ou seja, se corresponderem a prestações de trabalho anteriormente realizadas, são créditos sobre a insolvência. Se se constituírem após a declaração judicial de insolvência, são créditos sobre a massa insolvente.

Quanto aos créditos indemnizatórios, são créditos resultantes da indemnização devida pela resolução, com justa causa, do contrato de trabalho por iniciativa do trabalhador, em momento anterior à declaração judicial de insolvência, ou de uma indemnização pela cessação do contrato de trabalho com inobservância das regras previstas para o despedimento coletivo. Os primeiros são créditos sobre a insolvência, visto que o seu fundamento nasce em momento anterior à declaração judicial de insolvência, nos termos do art.º 47º, n.º 1. Os segundos são créditos sobre a massa insolvente, resultantes do desrespeito dos trâmites a seguir pelo administrador da insolvência para o despedimento coletivo. Entendemos, desde logo, que o administrador da insolvência deve respeitar o prazo de aviso prévio, por força da necessidade de os trabalhadores reorganizarem a sua vida laboral, evitando a cessação abruta dos contratos de trabalho.

Os créditos compensatórios resultam da compensação devida aos trabalhadores, aquando da cessação do contrato de trabalho, pela sua antiguidade. Atualmente, o art.º 47º-A do CIRE, aditado pela Lei n.º 9/2022, de 11 de janeiro, vem pôr termo à divergência doutrinal e jurisprudencial existente em torno da questão de tais créditos serem créditos sobre a insolvência ou sobre a massa insolvente. Assim, de forma expressa, o art.º 47º-A refere que os créditos compensatórios resultantes da cessação de contrato de trabalho levada a cabo pelo administrador de insolvência, após a declaração de insolvência do devedor, constituem créditos sobre a insolvência.

No processo de insolvência, vigora o princípio *par conditio creditorum*, previsto no art.º 604º, n.º 1 do CC, segundo o qual os credores assumem uma posição de igualdade entre si, salvo se existirem causas legítimas de preferência (art.º 604º, n.º 2 do CC).

Este é um princípio que assume especial relevo no processo de insolvência pela frequência com que os créditos ficam insatisfeitos, impondo-se assim o tratamento igualitário dos credores, mas com exceções.

Acontece que os créditos laborais se inserem nessas exceções.

O art.º 333º do CT prevê a existência de privilégios creditórios, referindo que os créditos laborais gozam de um privilégio mobiliário geral e de um privilégio imobiliário especial sobre o bem imóvel do empregador no qual o trabalhador presta a sua atividade.

Ora, os privilégios creditórios configuram assim um desvio ao princípio *par conditio creditorum*, justificado pela ideia de igualdade material.

O FGS é um outro meio de tutela destinado à proteção dos créditos dos trabalhadores, previsto no art.º 336º do CT, e cujo regime está consagrado no DL n.º 59/2015, de 21 de abril, que transpõe para a ordem jurídica portuguesa a Diretiva n.º 2008/94/CE, de 22 de outubro de 2008, relativa à proteção dos trabalhadores assalariados em caso de insolvência do empregador.

Para que o FGS opere, assegurando os créditos remuneratórios, indemnizatórios e compensatórios vencidos nos seis meses anteriores à propositura da ação de insolvência (art.º 2º, n.º 4 NRFGS) é, desde logo, necessário, no que aqui nos interessa, que seja proferida sentença de declaração de insolvência (art.º 1, n.º 1, al. a) NRFGS) e que o requerimento seja feito até um ano contado a partir do dia seguinte àquele em que cessou o contrato de trabalho (art.º 2º, n.º 8 NRFGS).

A propósito do art.º 2º, n.º 4 do NRFGS, o TC, no seu acórdão n.º 152/2020, decidiu não julgar inconstitucional a norma que estabelece que o FGS assegura o pagamento de créditos do trabalhador emergentes do contrato de trabalho ou da sua violação ou cessação, vencidos nos seis meses anteriores à propositura da ação de insolvência.

Não concordamos com o defendido pelo TC, porque apesar de nos seis meses anteriores à propositura da ação de insolvência não se terem vencido créditos, pode ocorrer que os mesmos se tenham vencido em momento anterior e estejam agora a ser discutidos em tribunal.

Se perfilharmos o entendimento do TC, tudo se vai passar como se nada fosse devido pelo FGS, o que configura um atentado à natureza análoga aos direitos, liberdades e garantias conferida ao direito à retribuição (art.º 59º, n.º 1, al. a) CRP), bem como ao princípio da igualdade de tratamento (art.º 13º CRP).

Partindo da análise dos arts. 3º e 4º da Diretiva 2008/94/CE, somos então da opinião que o art.º 2º, n.º 4 do NRFGS deveria prever um período mínimo de garantia correspondente aos últimos três meses da relação de trabalho, ainda que esses três meses não se insiram no período de referência de seis meses.

Quanto aos limites das importâncias asseguradas pelo FGS, o art.º 3º, n.º 1 do NRFGS estabelece o limite máximo global correspondente a seis meses de retribuição e o limite máximo mensal correspondente a três salários mínimos nacionais. Ora, isto significa que o limite máximo global corresponde a seis vezes o triplo da retribuição mínima mensal garantida, isto é, 18 meses de salário mínimo nacional.

O art.º 4º, n.º 2 do NRFGS veio, por sua vez, resolver um dissenso jurisprudencial já muito antigo. Estabelece esta norma que, caso o FGS não pague integralmente os créditos de cada um dos trabalhadores (uma vez que apenas se responsabiliza por créditos limitados temporalmente e quantitativamente), revelando-se também a massa insolvente insuficiente para pagar a totalidade dos créditos que o FGS satisfez e os créditos remanescentes dos trabalhadores, quer aqueles, quer estes créditos, serão graduados paritariamente no processo de insolvência.

No que respeita ainda aos modos de tutela dos créditos dos trabalhadores, analisamos o FGCT, o FCT e o ME.

O FCT e o FGCT são fundos que têm por objetivo assegurar aos trabalhadores o seu direito ao recebimento efetivo de metade do valor da compensação devida pela cessação do contrato de trabalho, calculada ao abrigo do art.º 366º do CT (art.º 3º, n.º 1 do RJFCT). São fundos de adesão individual e obrigatória pelo empregador, podendo este aderir a ME alternativamente à adesão ao FCT que mais não é do que um fundo de capitalização individual que tem por desiderato garantir o pagamento até metade do valor da compensação devida por cessação do contrato de trabalho, nos termos do art.º 366º do CT, e que responde até ao limite dos montantes satisfeitos pelo empregador.

O FGCT, por sua vez, tem natureza mutualista, devendo ser acionado pelos trabalhadores caso o pagamento da compensação não seja efetuado pelo empregador (art.º 3º, n.º 5 do RJFCT).

Com a adesão do empregador ao FCT ou ME opera automaticamente a adesão ao FGCT (art.º 8º, n.º 8 do RJCT).

Os fundos são financiados pelo empregador nos termos dos arts. 11º, n.os 1, 2 e 3, art.º 12º e art.º 13º, n.º 2, todos do RJFCT.

Perante a cessação de um contrato de trabalho, o empregador é obrigado a pagar ao trabalhador a compensação prevista no art.º 366º do CT, podendo requerer ao FCT o reembolso do saldo da conta do referido trabalhador. Não cumprindo o empregador com a sua obrigação de pagamento, o trabalhador poderá acionar o FGCT, a fim de satisfazer o valor correspondente a metade do valor da compensação devida (arts. 33º, 34 e 46º a 49º, todos do RJFCT).

Assim, o FGCT é mais um mecanismo que, em caso de insolvência do empregador, os trabalhadores poderão acionar.

Uma vez satisfeito pelo FGCT metade do valor da compensação devida aos trabalhadores, aquele fica sub-rogado nos direitos de crédito e garantias dos trabalhadores (art.º 52º, n.º 1 do RJFCT), sendo que se o património do empregador se revelar insuficiente para pagar a totalidade dos créditos dos trabalhadores, assim como os do FGCT, são primeiramente satisfeitos aqueles e só depois estes.

O direito de alimentos ao trabalhador da empresa insolvente previsto no art.º 84º do CIRE é, igualmente, um modo de tutela dos créditos dos trabalhadores.

Se o trabalhador, titular de créditos sobre a insolvência, carecer de meios de subsistência e não os puder angariar pelo seu trabalho pode receber um subsídio a expensas da massa insolvente, até ao limite do montante do crédito. No entanto, o valor entretanto recebido será deduzido a final no valor do crédito.

Por fim, abordou-se, na presente dissertação, a possibilidade de, perante a insolvência de uma empresa com bons clientes, boas matérias-primas e bons trabalhadores, mas com uma deficiente gestão, os trabalhadores adquirirem o estabelecimento, que englobará o ativo e os negócios em atividade, excluindo-se os débitos.

Tal aquisição, maioritariamente levada a cabo pelos quadros da insolvente, pode ser realizada por meio de um saneamento por transmissão, previsto no art.º 199º, isto é, os quadros da insolvente, que o pretendam, podem constituir uma nova sociedade destinada à exploração de um ou mais estabelecimentos adquiridos à massa insolvente mediante uma contrapartida.

Pensamos ser este um meio eficaz de tutela dos créditos dos trabalhadores, que acabam por não perder os seus postos de trabalho.

O saneamento por transmissão surge por meio de um plano de insolvência que pode ser apresentado pelos próprios trabalhadores, os quais, reclamando todos os seus créditos, geralmente alcançam um quinto do total dos créditos não subordinados, exigido no art.º 193º, n.º 1 do CIRE.

Tratando-se o saneamento por transmissão de uma verdadeira transmissão do estabelecimento, são aplicáveis os arts. 285º ss. do CT, que acabam por transpor a Diretiva comunitária 2001/23/CE.

Contudo, temos algumas reservas quanto ao facto de os direitos e obrigações do transmitente resultantes dos contratos de trabalho se transmitirem para o adquirente. De facto, os créditos remuneratórios em dívida correspondentes a período anterior à transmissão do estabelecimento, são dívidas da insolvência, como tal não devem ser imputados ao adquirente, assim como não o devem ser os créditos sobre a massa insolvente, referentes a trabalho prestado depois da declaração judicial de insolvência, os quais deverão aguardar o pagamento precípuo.

Destarte, no caso de saneamento por transmissão, não será defensável nem aplicável a transmissão da responsabilidade por tais créditos para o adquirente. Isso mesmo acaba por resultar da conjugação dos arts. 3º, 4º, 5.º, n.º 1 e 5º, n.º 2, al. a), todos da Diretiva 2001/23/CE, sem prejuízo de o adquirente assumir os contratos de trabalho e as dívidas que lhes são inerentes, o que lhe poderá ser vantajoso.

Sabemos que os trabalhadores são, no âmbito das relações laborais, a parte mais fraca, e pensamos que tal não seria diferente no processo de insolvência.

Acontece que, afortunadamente, concluímos, através da nossa investigação, que os trabalhadores, no nosso ordenamento jurídico, gozam de diversos e relevantes meios de tutela dos seus créditos laborais, como é o caso dos privilégios creditórios, do Fundo de Garantia Salarial, do Fundo de Garantia de Compensação de Trabalho, Fundo de Compensação de Trabalho e Mecanismo Equivalente e da possibilidade de proporem um plano de insolvência para que não vejam os seus direitos absolutamente perdidos.

De facto, a apresentação de planos de insolvência pelos trabalhadores enquanto credores da insolvente é uma realidade muito pouco usual, mas parece ser a que mais capacidade tem de produzir efeitos vantajosos.

BIBLIOGRAFIA

- *Ordenações Afonsinas* [em linha]. [Consult. 12/08/2019]. Disponível em URL: http://www.cic.uc.pt.
- *Ordenações Manuelinas* [em linha]. [Consult. 12/08/2019]. Disponível em URL: http://www1.cic.uc.pt.
- *Ordenações Filipinas* [em linha]. [Consult. 12/08/2019]. Disponível em URL: http://www1.cic.uc.pt.

Abreu, Jorge Manuel Coutinho de
- Recuperação de Empresas em Processo de Insolvência. In Dias, Jorge de Figueiredo, Canotilho, José Joaquim Gomes, Costa, José de Faria (organizadores), *Ars Ivdicandi: estudos em homenagem ao Prof. Doutor António Castanheira Neves.* Coimbra: Coimbra Editora, 2008. Vol. II, pp. 9 – 29. ISBN: 978-972-32—1698-1.

Almeida, Bruno José Machado de, e Cunha, Carlos Alberto da Silva e
- O papel do revisor oficial de contas na avaliação das entradas em espécie. *Revista de Direito das Sociedades.* Coimbra: Almedina. Ano VII, n.os 3 e 4 (2015). Pp. 693-709. ISSN: 1647-1105.

Almeida, Carlos Ferreira de
- O âmbito de aplicação dos processos de recuperação de empresa e de falência. *Revista da Faculdade de Direito da Universidade de Lisboa.* Lisboa: Faculdade de Direito da Universidade de Lisboa. Vol. XXXVI, nº2 (1995). Pp. 383 – 400. ISSN: 0870-3116.

Amado, João Leal
- *Contrato de Trabalho: noções básicas.* 3.ª Ed.. Coimbra: Almedina, 2019. ISBN: 978-972-40-8014-7.

Ascensão, José de Oliveira
- *Direito Comercial.* Lisboa: Faculdade de Direito da Universidade de Lisboa, 1994. Vol. I.
- Estabelecimento Comercial e Estabelecimento Individual de Responsabilidade Limitada. *Revista da Ordem dos Advogados.* Lisboa: Ordem dos Advogados. Ano XLVII (abril 1987). Pp. 5-26. ISSN: 0870-8118.

CANOTILHO, Gomes, e MOREIRA, Vital
– *Constituição da República Portuguesa Anotada*. 4.ª Edição revista. Coimbra: Coimbra Editora, 2007. Vol. I. ISBN: 978-972-32-1462-8.
CORDEIRO, António Menezes
– *Direito Comercial*. 4.ª Ed.. Coimbra: Almedina, 2016. ISBN: 978-972-40-6699-8.
– Salários em Atraso e Privilégios Creditórios. *Revista da Ordem dos Advogados*. Lisboa: Ordem dos Advogados. Ano LVIII (1998). Pp. 645 – 672. ISSN: 0870-8118.
COSTA, Salvador da
– *O Concurso de Credores*. 5.ª Ed.. Coimbra: Almedina, 2015. ISBN: 978-972-40-6125-2.
– O Concurso de Credores no Processo de Insolvência. In *Revista do CEJ*. Lisboa: Centro de Estudos Judiciários. N.º 4 (2006 – 1º semestre). Pp. 91 – 111. ISSN: 1645 – 829X.
COSTEIRA, Joana
– *Os Efeitos da Declaração Judicial de Insolvência no Contrato de Trabalho: a tutela dos créditos laborais*. 2.ª Ed.. Coimbra: Almedina, 2017. ISBN: 978-972-40-6997-5.
COSTEIRA, Maria José
– Classificação, Verificação e Graduação de Créditos no Código da Insolvência e da Recuperação de Empresas. In CATARINA SERRA (coord.), *I Congresso de Direito da Insolvência*. Coimbra: Almedina, 2013. Pp. 241 – 253. ISBN: 978-972-40-5067-6.
COSTEIRA, Maria José, e SILVA, Fátima Reis
– Classificação, Verificação e Graduação de Créditos no CIRE – em especial os créditos laborais. *Prontuário de Direito do Trabalho*. Coimbra: Coimbra Editora. N.os 76, 77 e 78 (janeiro-dezembro 2007). Pp. 359 – 371. ISSN: 0873-4895.
CUNHA, Ana Margarida Vilaverde e
– Proteção dos trabalhadores em caso de insolvência do empregador: cálculo das prestações do Fundo de Garantia Salarial. *Questões Laborais*. Coimbra: Coimbra Editora. Ano XVIII, n.º 38 (2011), pp. 197 – 209. ISSN: 0872-8267.
DOMINGOS, Maria Adelaide
– A Tutela dos Créditos Laborais através do Fundo de Garantia Salarial. In ANTÓNIO MOREIRA (coord.), *XI e XII Congresso Nacional de Direito do Trabalho: Memórias*. Coimbra: Almedina, 2009. Pp. 249 – 270. ISBN: 978-972-40-4071-4.
DOMINGUES, Paulo de Tarso
– *Variações sobre o Capital Social*. Coimbra: Almedina, 2013. ISBN: 978-972-40-3925-1.
EPIFÂNIO, Maria do Rosário
– *Manual de Direito da Insolvência*. 7.ª Ed.. Coimbra: Almedina, 2019. ISBN: 978-972-40-7791-8.
FERNANDES, Luís Carvalho
– Efeitos da Declaração de Insolvência no Contrato de Trabalho segundo o Código da Insolvência e da Recuperação de Empresas. *Revista de Direito e de Estudos Sociais*. Lisboa: Editorial Verbo. Ano XLV, n.os 1, 2, 3 (janeiro/setembro 2004). Pp. 5-39. ISSN: 0870-3965.
FERNANDES, Luís Carvalho, e LABAREDA, João
– *Código da Insolvência e da Recuperação de Empresas Anotado*. 3.ª Ed.. Lisboa: Quid Juris, 2015. ISBN: 978-972-724-713-4.
– *Código dos Processos Especiais e de Recuperação da Empresa e de Falência Anotado*. 3.ª Ed.. Lisboa: Quid Juris?, 2000. ISBN: 972-974-062-3.

– *Colectânea de Estudos sobre a Insolvência*. Lisboa: Quid Juris?, 2011.ISBN: 978-972-724-447-8.

Garrido, José M.ª
– *Garantías Reales, Privilegios y Par Condicio: un ensayo de análisis funcional*. Madrid: Centro de Estudios Registrales, 1999. ISBN: 84-88973-90-X.

Gomes, Júlio Manuel Vieira
– Nótula sobre os Efeitos da Insolvência do Empregador nas Relações de Trabalho. In Catarina Serra (coord.), *I Congresso de Direito da Insolvência*. Coimbra: Almedina, 2013. Pp. 285 – 297. ISBN: 978-972-40-5067-6.

Justo, António dos Santos
– O Contrato de Trabalho no Direito Romano (Locatio-Conductio Operarum), in *Ars Ivdicandi: Estudos em Homenagem ao Prof. Doutor António Castanheira Neves*. Coimbra: Coimbra Editora, 2008. Vol. III, pp. 775 – 800. ISBN: 978-972-32-1699-8.

Kalil, Marcus Vinicius Alcântara
– A evolução das falências e insolvências no Direito português. *Revista de Direito Comercial* [em linha]. (2017). [Consult. 28/08/19]. Disponível em WWW: URL: http://www.revistadedireitocomercial.com. ISSN: 2183-9824.

Leitão, Menezes
– *Direito da Insolvência*. 10.ª Ed.. Coimbra: Almedina, 2021. ISBN: 978-972-40-9018-4.
– *Código da Insolvência e da Recuperação de Empresas Anotado*. 10.ª Ed.. Coimbra: Almedina, 2018. ISBN: 978-972-40-7586-0.
– Pressupostos da Declaração de Insolvência. In Catarina Serra (coord.), *I Congresso de Direito da Insolvência*. Coimbra: Almedina, 2013. Pp. 175 – 186. ISBN: 978-972-40-5067-6.
– A natureza dos créditos laborais resultantes da decisão do administrador de insolvência. *Cadernos de Direito Privado*. Braga: Centro de Estudos Jurídicos do Minho. N.º 34 (abril/junho 2011). Pp. 55 – 66. ISSN: 1645-7242.

Magalhães, José Maria Barbosa de
– *Código de Fallencias Annotado*. Lisboa: Parceria António Maria Pereira, 1901.

Martinez, Pedro Romano
– *Da Cessação do Contrato*. 2ª Ed.. Coimbra: Almedina, 2017. ISBN: 978-972-40-6261-7.
– Privilégios Creditórios. In Campos, Diogo Leite de (org.), *Estudos em Homenagem ao Prof. Doutor Manuel Henrique Mesquita*. Coimbra: Coimbra Editora, 2009. Vol. II, pp. 111 – 130. ISBN: 9789723217490.
– *Apontamentos sobre a Cessação do Contrato de Trabalho à luz do Código de Trabalho*. Lisboa: AAFDL, 2004. ISBN: 972-629-020-1.
– Repercussões da Falência nas Relações Laborais. *Revista da Faculdade de Direito da Universidade de Lisboa*. Lisboa: Faculdade Direito da Universidade de Lisboa. Vol. XXXVI, 1995. Pp. 417 – 424. ISSN: 0870–3116.

Martins, Alexandre de Soveral
– *Um Curso de Direito da Insolvência*. 2.ª Ed. revista e atualizada. Coimbra: Almedina, 2016. ISBN: 978-972-40-6431-4.
– *Salários em Atraso*. Coimbra: Centelha, 1986.

Monteiro, Leonor Pizarro
– *O Trabalhador e a Insolvência da Entidade Empregadora*. Coimbra: Almedina, 2016. ISBN: 978-972-40-6409-3.

MONTOYA MELGAR, Alfredo
– *Derecho del Trabajo*. 35º Ed.. Madrid: Editorial Tecnos, 2014. ISBN: 978-84-309-6314-0.
MORAIS, Fernando de Gravato
– *Alienação e Oneração de Estabelecimento Comercial*. Coimbra: Almedina, 2005. ISBN: 972-40-2413-X.
OLIVEIRA, João Paulo Marques de
– *Diferença entre Empresa e Estabelecimento* [em linha]. [Consult. 11/02/2021]. Disponível em WWW: URL:http://www.re-activar.pt.
OLIVENCIA RUIZ, Manuel
– Los privilegios del crédito salarial. *CIVITAS: Revista Española de Derecho del Trabajo*. Madrid: Civitas. N.º 18 (abril/junio 1984). Pp. 185-199. ISSN: 0212-6095.
PIDWELL, Pedro
– *O Processo de Insolvência e a Recuperação da Sociedade Comercial de Responsabilidade Limitada*. Coimbra: Coimbra Editora, 2011. ISBN: 978-972-32-1908-1.
PIRES, Miguel Lucas
– *Dos privilégios creditórios: regime jurídico e sua influência no concurso de credores*. 2.ª Ed.. Coimbra: Almedina, 2015. ISBN: 978-972-40-6049-1.
RAMALHO, Maria do Rosário Palma
– Os Trabalhadores no Processo de Insolvência. In CATARINA SERRA (coord.), *III Congresso de Direito da Insolvência*. Coimbra: Almedina, 2015. Pp. 383-407. ISBN: 978-972-40-6335-5.
– *Tratado de Direito do Trabalho: Parte I – Dogmática Geral*. 5ª Ed.. Coimbra: Almedina, 2020. ISBN: 978-972-40-8717-7.
– *Direito do Trabalho*. 3ª Ed. revista e atualizada. Coimbra: Almedina, 2010. Vol. II. ISBN: 978-972-40-4227-5.
– Aspetos Laborais da Insolvência. Notas breves sobre as implicações laborais no regime do Código da Insolvência e Recuperação de Empresas. In ALBUQUERQUE, Ruy de, e CORDEIRO, Menezes (coord.), *Estudos em memória do Professor Doutor José Dias Marques*. Coimbra: Almedina, 2007. Pp. 687 – 702. ISBN: 978-972-40-2952-8.
– Aspetos Laborais da Insolvência. Notas breves sobre as implicações laborais do regime do Código da Insolvência e da Recuperação de Empresas. *Questões Laborais*. Coimbra: Coimbra Editora. Ano XII, n.º 26 (2005). Pp. 145 – 163. ISSN: 0872-8267.
REIS, Alberto dos
– *Código de Processo Civil: anotado*. 2.ª Ed. aumentada e melhorada. Coimbra: Coimbra Editora, 1940.
REIS, João
– O Regime da Transmissão da Empresa no Código do Trabalho. *Transmissão de Estabelecimento* [em linha]. Lisboa: Centro de Estudos Judiciários, 2014. [Consult. 10/02/2021]. Disponível em WWW: URL:http://www.cej.mj.pt. Pp. 169 – 222.
SANTOS, Filipe Cassiano dos
– Plano de Insolvência e Transmissão da Empresa. In SERRA, Catarina (coord.), *I Congresso de Direito da Insolvência*. Coimbra: Almedina, 2013. Pp. 141-151. ISBN: 978-972-40-5067-6.

SEMPERE NAVARRO, Antonio V. (coord.) [et al.],
- *Comentarios al Estatuto de los Trabajadores.* 9ª Ed.. Pamplona: Arazandi, 2013. ISBN: 978-84-9014-260-8.

SERRA, Catarina
- Para um novo entendimento dos créditos laborais na insolvência e na pré-insolvência da empresa – Um contributo feito de velhas e novas questões. In ASSOCIAÇÃO DE ESTUDOS LABORAIS, *Vinte Anos de Questões Laborais.* Coimbra: Coimbra Editora, 2013. Pp. 187 – 206. ISBN: 978-972-32-2218-0.
- *O regime português da insolvência.* 5ª Ed., rev. atual.. Coimbra: Almedina, 2012. ISBN: 978-972-40-4985-4.
- *A Falência no Quadro da Tutela Jurisdicional dos Direitos de Crédito.* Coimbra: Coimbra Editora, 2009. ISBN: 978-972-32-1703-2.
- As novas tendências do Direito Português da Insolvência – Comentário ao regime dos efeitos da insolvência sobre o devedor no projeto de Código da Insolvência. In OLIVEIRA, António Cândido de (org.), *Estudos em comemoração do 10º aniversário da licenciatura em direito da Universidade do Minho.* Coimbra: Almedina, 2004. Pp. 203– 228. ISBN: 9789724020754.
- *Falências derivadas e âmbito subjetivo da falência.* Coimbra: Coimbra Editora, 1999. ISBN: 972-32-0872-5.

SILVA, Fátima Reis
- Classificação, Verificação e Graduação de Créditos no CIRE – Os Créditos Laborais. *Prontuário de Direito do Trabalho.* Coimbra: Coimbra Editora. N.º 73 (janeiro/abril 2006), pp. 103 – 114. ISSN: 0873-4895.

SILVA, Natália Alexandra Fernandes da
- *O Novo Regime Jurídico do Fundo de Garantia Salarial* [em linha]. Barcelos: Instituto Politécnico do Cávado e do Ave, 2016. Dissertação de Mestrado. [Consult. 07/12/2020]. Disponível em WWW: http://ciencipca.ipca.pt/bitstream/11110/1240/1/O%20Novo%20Regime%20Jur%C3%ADdico%20do%20Fundo%20de%20Garantia%20Salarial.pdf.

VARELA, Antunes
- *Das obrigações em geral.* 7.ª Ed.. Coimbra: Almedina, 2013. Vol. II. ISBN: 978-972-40-1040-3.

VASCONCELOS, Joana
- Transmissão da empresa ou estabelecimento, responsabilidade por créditos laborais e tutela do adquirente. *Transmissão de Estabelecimento* [em linha]. Lisboa: Centro de Estudos Judiciários, 2014. [Consult. 09/02/2021]. Disponível em WWW: URL:http://www.cej.mj.pt. Pp. 157-167.
- Insolvência do Empregador e Contrato de Trabalho. In CAMPOS, Diogo Leite de (org.), *Estudos em Homenagem ao Prof. Doutor Manuel Henrique Mesquita.* Coimbra: Coimbra Editora, 2009. Vol. II. Pp. 1091-1109. ISBN: 9789723217490.
- Insolvência do Empregador, Destino da Empresa e Destino dos Contratos de Trabalho. In MOREIRA, António (coord.), *VIII Congresso Nacional de Direito do Trabalho: Memórias.* Coimbra: Almedina, 2006. Pp. 217-232. ISBN: 972-40-2753-8.

XAVIER, Bernardo da Gama Lobo
- *Manual de Direito do Trabalho*. 2.ª Ed. revista e atualizada. Lisboa: Verbo, 2014. ISBN: 978-972-22-3099-5.
- *A Repercussão do Encerramento Definitivo do Estabelecimento nos Contratos de Trabalho*. Coimbra: [s.n.], 1975.

LISTA DE JURISPRUDÊNCIA

Tribunal Constitucional

Acórdão do Tribunal Constitucional [em linha], de 4 de março de 2020 (proc. n.º 544/2019), relatado pela Conselheira Maria de Fátima Mata-Mouros. [Consult. 07/12/2020]. Disponível em WWW: URL:http://www.tribunalconstitucional.pt.

Acórdão do Tribunal Constitucional [em linha], de 19 de junho de 2008 (acórdão n.º 335/2008), relatado pelo Conselheiro João Cura Mariano. [Consult. 02/12/2020]. Disponível em WWW: URL:http://www.direitoemdia.pt.

Acórdão do Tribunal Constitucional n.º 257/2008 [em linha], de 30 de abril de 2008 (proc. n.º 446/07), relatado pelo Conselheiro Joaquim de Sousa Ribeiro. [Consult. 16/12/2020]. Disponível em WWW: URL:http://www.direitoemdia.pt.

Acórdão do Tribunal Constitucional n.º 287/2007 [em linha], de 8 de maio de 2007 (proc. n.º 905/04), relatado pela Conselheira Maria João Antunes. [Consult. 16/12/2020]. Disponível em WWW: URL:http://www.direitoemdia.pt

Acórdão do Tribunal Constitucional n.º 284/2007 [em linha], de 8 de maio de 2007 (proc. n.º 891/04), relatado pela Conselheira Pamplona Oliveira. [Consult. 16/12/2020]. Disponível em WWW: URL:http://www.direitoemdia.pt

Acórdão do Tribunal Constitucional n.º 672/2004 [em linha], de 23 de novembro de 2004 (proc. n.º 755/2004), relatado pela Conselheira Fernanda Palma. [Consult. 16/12/2020]. Disponível em WWW: URL:http://www.direitoemdia.pt.

Acórdão do Tribunal Constitucional n.º 498/2003 [em linha], de 22 de outubro de 2003 (proc. n.º 317/02), relatado pela Conselheira Maria dos Prazeres Beleza. [Consult. 16/12/2020]. Disponível em WWW: URL:http://www.direitoemdia.pt

Supremo Tribunal de Justiça

Acórdão do Supremo Tribunal de Justiça [em linha], de 03 de julho de 2018 (proc. n.º 172/12.1TBCBT.G1.S2), relatado pelo Conselheiro Fonseca Ramos. [Consult. 03/02/2021]. Disponível em WWW: URL:http://www.dgsi.pt

Acórdão do Supremo Tribunal de Justiça [em linha], de 26 de outubro de 2017 (proc. nº 1175/14.7TTLSB.L1.S1), relatado pelo Conselheiro Ferreira Pinto. [Consult. 27/10/2019]. Disponível em WWW: URL:http://www.dgsi.pt.

Acórdão do Supremo Tribunal de Justiça [em linha], de 30 de maio de 2017 (proc. n.º 4118/15.7T8CBR-B.C1.S1), relatado pela Conselheira Ana Paula Boularot. [Consult. 02/12/2020]. Disponível em WWW: URL:http://www.direitoemdia.pt

Acórdão do Supremo Tribunal de Justiça [em linha], de 30 de maio de 2017 (proc. n.º 1385/13.4TJCBR-H.C1.S1), relatado pelo Conselheiro José Rainho. [Consult. 19/11/2020]. Disponível em WWW: URL://www.dgsi.pt

Acórdão Uniformizador do Supremo Tribunal de Justiça [em linha], de 23 de fevereiro de 2016 (proc. n.º 1444/08.5TBAMT-A.P1.S1-A), relatado pelo Conselheiro Pinto de Almeida. [Consult. 26/11/2020]. Disponível em WWW: URL:http://www.direitoemdia.pt

Acórdão do Supremo Tribunal de Justiça [em linha], de 25 de março de 2014 (proc. n.º 6148/12.1TBBRG.G1.S1), relatado pelo Conselheiro Fonseca Ramos. [Consult. 08/02/2021]. Disponível em WWW: URL:http://www.dgsi.pt.

Acórdão do Supremo Tribunal de Justiça [em linha], de 07 de fevereiro de 2013 (proc. n.º 148/09.6TBPST-F.L1.S1), relatado pela Conselheira Maria dos Prazeres Pizarro Beleza. [Consult. 25/11/2020]. Disponível em WWW: URL:http://www.dgsi.pt

Acórdão do Supremo Tribunal de Justiça [em linha], de 20 de outubro de 2011 (proc. n.º 703/07.9TYVNG.P1.S1), relatado pelo Conselheiro Silva Gonçalves. [Consult. 05/12/2020]. Disponível em WWW: URL:http://www.direitoemdia.pt

Acórdão do Supremo Tribunal de Justiça [em linha], de 07 de fevereiro de 2008 (proc. n.º 07A4137), relatado pelo Conselheiro Nuno Cameira. [Consult. 03/12/2020]. Disponível em WWW: URL:http://www.dgsi.pt

Acórdão do Supremo Tribunal de Justiça [em linha], de 31 de janeiro de 2007 (proc. n.º 07A4111), relatado pelo Conselheiro Silva Salazar. [Consult. 02/12/2020]. Disponível em WWW: URL:http://www.dgsi.pt.

Acórdão do Supremo Tribunal de Justiça [em linha], de 22 de junho de 2005 (proc. n.º 05B1511), relatado pelo Conselheiro Custódio Montes. [Consult. 03/12/2020]. Disponível em WWW: URL:http://www.direitoemdia.pt

Acórdão do Supremo Tribunal de Justiça [em linha], de 5 de maio de 2005 (proc. n.º 05B835), relatado pelo Conselheiro Neves Ribeiro. [Consult. 03/12/2020]. Disponível em WWW: URL:http://www.direitoemdia.pt

Acórdão do Supremo Tribunal de Justiça [em linha], de 13 de janeiro de 2005 (proc. n.º 04B4398], relatado pelo Conselheiro Salvador da Costa. [Consult. 03/12/2020]. Disponível em WWW: URL:http://www.direitoemdia.pt

Acórdão do Supremo Tribunal de Justiça [em linha], de 12 de junho de 2003 (proc. n.º 03B1550), relatado pelo Conselheiro Santos Bernardino. [Consult. 17/12/2020]. Disponível em WWW: URL:http://www.dgsi.pt

Acórdão do Supremo Tribunal de Justiça [em linha], de 18 de novembro de 1999 (proc. n.º 99B848), relatado pelo Conselheiro Peixe Pelica. [Consult. 03/12/2020]. Disponível em WWW: URL:http://www.direitoemdia.pt

Tribunal da Relação

Acórdão do Tribunal da Relação de Guimarães [em linha], de 25 de junho de 2020 (proc. n.º 2139/19.0T8VCT-A.G1), relatado pela Desembargadora Ana Cristina Duarte. [Consult. 25/11/2020]. Disponível em WWW: URL:http://www.direitoemdia.pt.

Acórdão do Tribunal da Relação do Porto [em linha], de 15 de junho de 2020 (proc. n.º 8950/18.1T8VNG-H.P1), relatado pela Desembargadora Eugénia Cunha. [Consult.08/04/2021]. Disponível em WWW: URL:http://www.dgsi.pt.

Acórdão do Tribunal da Relação de Guimarães [em linha], de 14 de maio de 2020 (proc. n.º 4809/19.3T8VNF.G1), relatado pelo Desembargador Espinheira Baltar. [Consult. 25/01/2021]. Disponível em WWW: URL:http://www.direitoemdia.pt.

Acórdão do Tribunal da Relação de Lisboa [em linha], de 3 de março de 2020 (proc. n.º 1657/19.4T8BRR.L1), relatado pela Desembargadora Fátima Reis Silva. [Consult. 15/12/2020]. Disponível em WWW: URL:http://www.direitoemdia.pt.

Acórdão do Tribunal da Relação de Guimarães [em linha], de 31 de outubro de 2019 (proc n.º 7861/17.2T8VNF-BK.G1), relatado pela Desembargadora Margarida Almeida Fernandes. [Consult. 18/11/2020]. Disponível em WWW: http://www.direitoemdia.pt

Acórdão do Tribunal da Relação do Porto [em linha], de 10 de julho de 2019 (proc. n.º 4236/17.7T8OAZ-D.P1), relatado pela Desembargadora Fernanda Almeida. [Consult. 02/12/2020]. Disponível em WWW: URL:http://www.direitoemdia.pt.

Acórdão do Tribunal da Relação de Guimarães [em linha], de 9 de maio de 2019 (proc. n.º 7577/16.7T8VNF-D.G1), relatado pelo Desembargador Pedro Damião e Cunha. [Consult. 21/12/2020]. Disponível em WWW: URL:http://www.direitoemdia.pt

Acórdão do Tribunal da Relação de Guimarães [em linha], de 02 de maio de 2019 (proc. n.º 4022/07.2TBBRG-CV.G1), relatado pela Desembargadora Alexandra Rolim Mendes. [Consult. 18/11/2020]. Disponível em WWW: URL:http://www.direitoemdia.pt.

Acórdão do Tribunal da Relação de Évora [em linha], de 16 de abril de 2019 (proc. n.º 749/16.6T8OLH.E1), relatado pelo Desembargador José Manuel Barata. [Consult. 02/12/2020]. Disponível em WWW: URL:http://www.direitoemdia.pt.

Acórdão do Tribunal da Relação de Lisboa [em linha], de 18 de setembro de 2018 (proc. n.º 25785/13.0T2SNT-B.L1-7), relatado pelo Desembargador Carlos Oliveira. [Consult. 30/11/2020]. Disponível em WWW: URL:http://www.direitoemdia.pt.

Acórdão do Tribunal da Relação de Coimbra [em linha], de 5 de junho de 2018 (proc. n.º 393/11.4TBSRT-U.C1), relatado pelo Desembargador Arlindo Oliveira. [Consult. 04/12/2020]. Disponível em WWW: URL:http://www.direitoemdia.pt

Acórdão do Tribunal da Relação de Guimarães [em linha], de 24 de maio de 2018 (proc. n.º 9056/15.0T8VNF-E.G1), relatado pelo Desembargador João Diogo Rodrigues. [Consult. 14/12/2020]. Disponível em WWW: URL:http://www.direitoemdia.pt.

Acórdão do Tribunal da Relação de Lisboa [em linha], de 17 de maio de 2018 (proc. n.º 303/10.6TYLSB-B.L1-6), relatado pelo Desembargador António Santos. [Consult. 15/12/2020]. Disponível em WWW: URL:http://www.direitoemdia.pt.

Acórdão do Tribunal da Relação de Guimarães [em linha], de 01 de fevereiro de 2018 (proc. n.º 1450/14.0TJVNF-B.G1), relatado pela Desembargadora Helena Melo. [Consult. 19/11/2020]. Disponível em WWW: URL://www.direitoemdia.pt

Acórdão do Tribunal da Relação de Coimbra [em linha], de 16 de maio de 2017 (proc. n.º 923/11.1TBCTB-C.C2), relatado pela Desembargadora Maria João Areias. [Consult. 01/03/2021]. Disponível em WWW: URL:http://www.dgsi.pt

Acórdão do Tribunal da Relação de Guimarães [em linha], de 15 de março de 2016 (proc. n.º 814.14.4TJVNF-F.G1), relatado pela Desembargadora Isabel Rocha. [Consult. 18/11/2020]. Disponível em WWW: URL:http://www.direitoemdia.pt

Acórdão do Tribunal da Relação de Guimarães [em linha], de 14 de janeiro de 2016 (proc. n.º 6034/13.8TBBRG-O.G1), relatado pelo Desembargador António Santos. [Consult. 11/12/2020]. Disponível em WWW: URL:http://www.dgsi.pt.

Acórdão do Tribunal da Relação de Guimarães [em linha], de 09 de julho de 2015 (proc. n.º 6034/13.8TBBRG-N.G1.S1), relatado pelo Desembargador Manuel Bargado. [Consult. 01/03/2021]. Disponível em WWW: URL:http://www.dgsi.pt

Acórdão do Tribunal da Relação de Guimarães [em linha], de 15 de janeiro de 2015 (proc. n.º 924/13.5TBVVD-C.G1), relatado pela Desembargadora Helena Melo. [Consult. 02/12/2020]. Disponível em WWW: URL:http://www.direitoemdia.pt

Acórdão do Tribunal da Relação de Coimbra [em linha], de 23 de setembro de 2014 (proc. n.º 528/13.2TBFND-C.C1, relatado pelo Desembargador Jorge Arcanjo. [Consult. 02/12/2020]. Disponível em WWW: URL:http://www.direitoemdia.pt

Acórdão do Tribunal da Relação do Porto [em linha], de 16 de setembro de 2014 (proc. n.º 857/09.0TBVFR-I.P1), relatado pelo Desembargador João Diogo Rodrigues. [Consult. 09/12/2020]. Disponível em WWW: URL:http://www.direitoemdia.pt

Acórdão do Tribunal da Relação do Porto [em linha], de 1 de julho de 2014 (proc. n.º 60/13.4TBCNF.G.P1), relatado pela Desembargadora Maria do Carmo Domingues. [Consult. 16/12/2020]. Disponível em WWW: URL:http://www.direitoemdia.pt

Acórdão do Tribunal da Relação de Coimbra [em linha], de 28 de janeiro de 2014 (proc. nº 419/13.7TBPBL-A.C1), relatado pelo Desembargador Jacinto Meca. [Consult. 23/09/2019]. Disponível em WWW: URL:http://www.dgsi.pt

Acórdão do Tribunal da Relação de Coimbra [em linha], de 5 de novembro de 2013 (proc. n.º 128/11.1TBACN-D.C1), relatado pelo Desembargador José Avelino Gonçalves. [Consult. 09/12/2020]. Disponível em WWW: URL:http://www.direitoemdia.pt

Acórdão do Tribunal da Relação do Porto [em linha], de 23 de abril de 2013 (proc. n.º 357/2000.P2), relatado pela Desembargadora Anabela Dias da Silva. [Consult. 05/12/2020]. Disponível em WWW: URL:http://www.direitoemdia.pt.

Acórdão do Tribunal da Relação de Guimarães [em linha], de 28 de fevereiro de 2013 (proc. n.º 1129/06.7TBGMR-L.G1), relatado pela Desembargadora Rita Romeira. [Consult. 09/12/2020]. Disponível em WWW: URL:http://www.direitoemdia.pt.

Acórdão do Tribunal da Relação do Porto [em linha], de 22 de outubro de 2012 (proc. n.º 376/09.4TTVFR-B.P1), relatado pelo Desembargador João Diogo Rodrigues. [Consult. 02/12/2020]. Disponível em WWW: URL:http://www.dgsi.pt

Acórdão do Tribunal da Relação de Guimarães [em linha], de 03 de maio de 2011 (proc. nº 1132/10.2TBBCL-D.G1), relatado pela Desembargadora Rosa Tching. [Consult. 31/10/2019]. Disponível em WWW: URL:http://www.dgsi.pt

Acórdão do Tribunal da Relação de Coimbra [em linha], de 22 de março de 2011 (proc. n.º 480/08.6TBCTB-E.C1), relatado pelo Desembargador Falcão de Magalhães. [Consult. 05/12/2020]. Disponível em WWW: URL:http://www.direitoemdia.pt.

Acórdão do Tribunal da Relação do Porto [em linha], de 14 de julho de 2010 (proc. n.º 147/08.5TBLSD-D.P1), relatado pela Desembargadora Maria de Deus Correia. [Consult. 04/12/2020]. Disponível em WWW: URL:HTTP://www.direitoemdia.pt

Acórdão do Tribunal da Relação de Coimbra [em linha], em acórdão de 14 de julho de 2010 (proc. n.º 562/09.7T2AVR-P.C1), relatado pelo Desembargador Barateiro Martins. [Consult. 19/11/2020]. Disponível em WWW: URL:http://www.direitoemdia.pt

Acórdão do Tribunal da Relação do Porto [em linha], de 06 de julho de 2010 (proc. n.º 1/08.0TJVNF-L.S1.P1), relatado pela Desembargadora Sílvia Pires. [Consult. 17/11/2020]. Disponível em WWW: URL:http://www.direitoemdia.pt

Acórdão do Tribunal da Relação de Coimbra [em linha], de 18 de maio de 2010 (proc. n.º 854/04.1TBTMR-D.C1), relatado pelo Desembargador Carlos Moreira. [Consult. 16/12/2020]. Disponível em WWW: URL:http://www.direitoemdia.pt

Acórdão do Tribunal da Relação de Coimbra [em linha], de 25 de março de 2010 (proc. n.º 778/05.5TBCVL-A.C1), relatado pelo Desembargador Távora Vítor. [Consult. 04/02/2021]. Disponível em WWW: URL:http://www.direitoemdia.pt

Acórdão do Tribunal da Relação do Porto [em linha], de 23 de fevereiro de 2010 (proc. n.º 606/03.6TYVNG-A.P1), relatado pelo Desembargador Ramos Lopes. [Consult. 04/12/2020]. Disponível em WWW: URL:http://www.direitoemdia.pt

Acórdão do Tribunal da Relação do Porto [em linha], de 01 de fevereiro de 2010 (proc. nº 1/08.0TJVNF-AY.S1.P1), relatado pelo Desembargador Soares de Oliveira. [Consult. 01/11/2019]. Disponível em WWW: URL:http://www.dgsi.pt.

Acórdão do Tribunal da Relação do Porto [em linha], de 17 de fevereiro de 2009 (proc. n.º 0827363), relatado pelo Desembargador Cândido Lemos. [Consult. 04/12/2020]. Disponível em WWW: URL:http://www.direitoemdia.pt.

Acórdão do Tribunal da Relação de Évora [em linha], de 23 de setembro de 2008 (proc. n.º 801/08-2), relatado pelo Desembargador Gonçalves Rocha. [Consult. 09/02/2021]. Disponível em WWW: URL:http://www.direitoemdia.pt.

Acórdão do Tribunal da Relação do Porto [em linha], de 8 de julho de 2008 (proc. n.º 0822486), relatado pela Desembargadora Cristina Coelho. [Consult. 02/12/2020]. Disponível em WWW: URL:http://www.direitoemdia.pt.

Acórdão do Tribunal da Relação de Coimbra [em linha], de 16 de outubro de 2007 (proc. n.º 3213/04.2TJCBR-AL.C1), relatado pelo Desembargador Hélder Almeida. [Consult. 03/12/2020]. Disponível em WWW: URL:http://www.direitoemdia.pt

Acórdão do Tribunal da Relação de Coimbra [em linha], de 27 de fevereiro de 2007 (proc. n.º 530/04.5TBSEI-X.C1), relatado pelo Desembargador Ferreira de Barros. [Consult. 30/11/2020]. Disponível em WWW: URL:http://www.direitoemdia.pt.

Acórdão do Tribunal da Relação de Coimbra [em linha], de 17 de outubro de 2006 (proc. n.º 760/06.5TBVNO.C1), relatado pelo Desembargador Garcia Calejo. [Consult. 10/12/2020]. Disponível em WWW: URL:http://www.dgsi.pt

Acórdão do Tribunal da Relação do Porto [em linha], de 14 de novembro de 2005 (proc. n.º 0554752), relatado pelo Desembargador Cunha Barbosa. [Consult. 04/12/2020]. Disponível em WWW: URL:http://www.direitoemdia.pt

Acórdão do Tribunal da Relação do Porto [em linha], de 8 de julho de 2004 (proc. n.º 0325526), relatado pelo Desembargador Marques de Castilho. [Consult. 04/12/2020]. Disponível em WWW: URL:http://www.direitoemdia.pt

Tribunal Central Administrativo

Acórdão do Tribunal Central Administrativo Norte [em linha], de 03 de novembro de 2017 (proc. n.º 02222/14.8BEBRG), relatado pela Desembargadora Alexandra Alendouro. [Consult. 25/01/2021]. Disponível em WWW: http://www.dgsi.pt.

Acórdão do Tribunal Central Administrativo Norte [em linha], de 02 de julho de 2015 (proc. n.º 01826/11.5BEPRT), relatado pela Desembargadora Helena Ribeiro. [Consult. 25/01/2021]. Disponível em WWW: URL:http://www.direitoemdia.pt.

Acórdão do Tribunal Central Administrativo Norte [em linha], de 27 de abril de 2012 (proc. n.º 02653/09.5BEPRT), relatado pelo Desembargador José Augusto Araújo Veloso. [Consult. 26/01/2021]. Disponível em WWW: URL:http://www.direitoemdia.pt.